Catcher

一如《麥田捕手》的主角，
我們站在危險的崖邊，
抓住每一個跑向懸崖的孩子。
Catcher，是對孩子的一生守護。

還是喜歡當媽媽

心理師媽媽的內心戲

洪美鈴（諮商心理師）

【自序】

無論是媽媽，還是心理師，終究都是我自己

＊依著糾結與掙扎的習性而活

我是個媽媽，是個心理師，還是某人的老婆、家人、朋友……就如同擦身而過的每個人，身上掛著各種角色。我們呼吸同樣的空氣，同樣抱怨著豔陽、陰雨，也擺出同樣的表情：看似熱切，其實帶點著急；貌似平穩淡定，但其實已和疲倦分不清。

蠟燭多頭燒，也許要關心的不是有幾頭，而是「怎麼燒」。

我不想熄滅任一火苗，有著想燒出價值的野心，好些日子，我的媽媽魂被這個野心嚇壞了。

因為我終究沒真為孩子們犧牲什麼，一樣追求個人的成就，也在意著自己人生裡的各種需求。喜歡玩耍、看書，就帶著孩子們遊戲和閱讀。不喜歡煮菜，就帶著孩子們感謝有婆婆、媽媽代勞。順風我就搭車，逆風得過且過……

每天睜開眼睛，我不會去想為什麼要早起，腦袋裡轉著的是：「今天要準備什麼早餐？」「希望牛奶別再打翻。」然後伸個懶腰，外加一句口號：「萬能的天神，請賜予我神奇的力量！」像是鼓舞，更是催眠自己：今天也將安然。接著，像個陀螺般旋轉，時而滿足快樂，時而暴走失落，總之，盡力滿足所有角色的需求。轉啊轉了一天，又在孩子們大呼小叫的喧鬧聲中催趕他們上床，偶爾說故事、玩遊戲，偶爾喝斥威逼，湊合著走向一天的結束。直到再度睜開眼睛，浮現腦海的問題又回到：「今天要吃什麼早餐？」

某天，我和先生在看著孩子們玩沙。

我說：「時間差不多了，你去叫他們收一收吧！」

他不肯起身。我們相互推諉，逐漸為自己的藉口加碼：

「你快去吧！去叫他們會讓我覺得心悸！」

「妳去啦！因為我已經窒息了。」

心悸與窒息……我笑了出來。這就是平凡父母擺脫不了的疲憊和焦慮。

我想，原來這個開設親職講座的心理師，骨子裡也是個平凡又疲憊的母親。

心理師的訓練教會我，要能放鬆的關鍵在於：自己能否停一停？能否有知覺地過日子？然後，練習更有彈性與洞察力，篩選一下，做對的事，而不是糾結著一定要把事情做到多好。蠟燭可以多頭燒，但若沒油了、該熄火時，就別留戀掙扎，放手就好。

這些覺悟理應有助於我活得更美好，可惜屬於我的真實是——每天回到家，這些覺知、彈性與洞察能力也跟著下班了。我常依著舊有的習性，陷入喧囂狂亂的世界，再為了躲避喧囂，有時憤怒控制，有時驚慌遁逃。

當「心理師」與「媽媽」兩種身分不斷分裂，隨之而來的，就是無論自己扮演什麼角色都是冒牌貨的感覺。

＊認清、接納「非名牌」的自己

那就踩著真實的步伐前進吧！或許那才是屬於我的，名為「真實」的品牌。

讓這個真實的自己回家當個媽媽，這個媽媽，內在有愛、溫暖、堅強、包容……這些被歌頌的偉大之處，但同時也有疏忽、控制、憤怒、罪惡與軟弱等黑暗的角落。

若想少些狂亂、多些安定，要做的也許不是掙扎著擺脫那些黑暗，而是去直視、整合這些真實。唯有走過面對不完美的失落，才有餘裕能安心地與孩子連結，看進孩子的本質，也喚醒此生成為媽媽的中心價值。

就像有次和朋友聊到出國的事，他聽出我的羨慕，笑問我，「如果從頭來過，妳要跟我交換嗎？」一句話秒停心裡的落寞，浮現的是四個孩子真摯熱切的臉，無論再煩、再亂、失去再多，想當媽媽的心倒是沒有後悔過。

就撂開手，不糾結了吧！我就是個有野心還帶點全能幻想的媽媽。適當的野心，是自我期許；合理的自私，只是優先選擇愛自己。在體會到能力有限的焦慮之後，才能感覺到認清真實的放鬆。

為了家人希望自己全能，或許也是一種愛無敵。

＊好奇觀察孩子的本質

我有四個可愛且具獨特個性的孩子，樣本夠多的教養體驗，足以讓我信服孩子與媽媽的天性裡，都有相當程度的「求生」能力。

這四個孩子，在少子化的現代社會裡容易成為焦點，我也常接收到旁人體貼的關注：「這麼多孩子，要如何教養他們？」我總在語塞、詞窮中笑著帶過，「我想，應該是我們都有能力相互適應著活。」

老大、老二是第一對雙胞胎，特質彼此互補。老大人稱「散仙」、「理由伯」，個性樂觀散漫，笑口常開，經常落東落西。遇到麻煩時，要他想理由比想解決辦法還容易。老二則是傳說中的「出頭哥」，他較有想法和意見，有時是源源不絕的創意與行動力，但是個性較為敏感、堅持，不順他意時需費力引導，以免招來一場玉石俱焚的情緒風暴。

老三和老四是第二對雙胞胎。老三有溫暖的特質，熱愛昆蟲和動物，會招呼流浪貓並為牠取名字，不給他養寵物，就養小強和書蟲。他是哥哥的「神奇寶貝」，因為他會努力跟上哥哥的腳步一起玩耍，樂當被哥哥收服的小隨從（當然也會哭著告狀哥哥待他太凶、太不溫柔）。至於最後一位「大神妹」，有屬於排行所賦予的高超生存觀察本能，還內建了極佳

的語言認知系統，往往在上述三個男生（甚至是爸媽）思緒混亂、戰成一團時，提供「籤詩級」的解決辦法。

＊摸索並朝向教養的價值

四個孩子都有基本的生存能力，他們成長的走向，定然也有部分取決於父母灌注的教養。

我問自己：如果不自欺欺人，如果我有信心，有足夠的彈性與教養能力，我想教出什麼樣的孩子？

不是為了傳承家庭香火或完整我們的生命需求，也不是要延續我們的生涯目標，更不只是要他們有不啃老的獨立。我希望他們能快樂而自信地存在，希望他們勇於實現自己生命的價值，也希望他們能慈悲、善意地看顧別人，更盼著他們和世界有連結，並且貢獻一己之力。

守護這些期待，才能讓我們即使面對教養的疲累、迷失、紊亂與困境，依然可找回平穩的步調和努力的意義。

我們的確無法預期孩子們是否能長成我們心目中的模樣，但我想，這些教養價值與依歸，定會對我的言行與心性產生重要的牽引，也會成為每時每刻我在規範或支持孩子時，永不放棄引導他們前行的方向。

＊覺知而有彈性地並肩前行

關於教養，我無法傳遞所謂最好的方式，而是去接納自己與孩子互動的過程，在其中保持覺知與彈性，並且朝向我們認為重要的價值而去。這本書分享這些日常故事，一方面祈願身為父母的我們好好呼吸，給自己喘息的空間；也從孩子身上汲取直觀的能力，讓我們有力量與方向能持續改變。

英國詩人威廉・布雷克（William Blake）有一句詩是這樣的：「一沙一世界，一花一天堂。」每天每天，是平靜還是狂亂，是辛苦疲倦，還是充滿樂趣，的確都是來自我的視野。

我問自己，我視野焦距的收放來源為何？是僵化，還是具有彈性？

我想，那終究來自有覺知的生活。所以，我記錄我的內心戲，一件件、一樁樁地，記下與孩子的對話，珍視孩子平淡無奇或是意料之外的各種表現。

正視糾結確實會帶來一些難受的感覺，我猜想這也是許多父母都曾出現的共同掙扎，但當我們試著開放地抓取，清醒地挪動，相信在每個認真看待孩子、覺察自己的當下，都有機會感受到教養的天堂經驗。

然後我們將深刻體認——原來，親子是這樣彼此並肩前進的；原來，「老師」就在我們的身邊。

【出場介紹】

一個小孩一個樣！

「理由伯」老大

個性老實，是超級樂天哥。
很容易分心，一到寫功課就像屁股長蟲。
「理由伯」不是浪得虛名，
出包了可都不是他的錯。

「出頭哥」老二

個性固執，雖然較缺乏彈性，但是有主見又堅定。
高敏感小孩，卻也是暖男一枚。
行動力超強，堪稱是創意一哥。

「神奇寶貝」老三

個性溫和，很需要大人的關注。
雖然愛哭，但溫柔哥厲害的是情緒哭完就沒了。
愛告哥哥的狀，可是也樂當哥哥們的小跟班。

「大神妹」妹妹

超齡的成熟個性，卻也有著小孩的通病：愛賴床。
有老么獨具的「冷眼旁觀」超能力。
這位淡定一姊總能在手足的混亂拉鋸中，
一句話給出大小通吃的結論。

目錄

PART 2 兄弟姊妹

目錄

PART 3 小孩在學校

PART 1

媽媽和小孩

當我幫孩子買零食、餅乾，一切不營養的食物時，那是因為妳來了，妳想吃。

當我為孩子採購玩具、ＤＶＤ，一切純屬娛樂卻沒有學習價值的玩意兒時，那是為了妳想要，彌補妳的匱乏。

當我緊握孩子的手，抱著孩子喊寶貝的時候，那是因為妳覺得不安，妳的心渴望踏實的擁抱。

當我前後奔波忙碌，忘了正餐吃飯，那是妳不在，或者妳在，但已慣性地覺得自己不重要。

我在照顧孩子的過程中一再與妳相遇，一切無明無謂……或許來自於妳，那個年幼，沒長大的自己。

嗨！妳來了。

乖，好好吃飯。

妳很努力了，也做得很好。

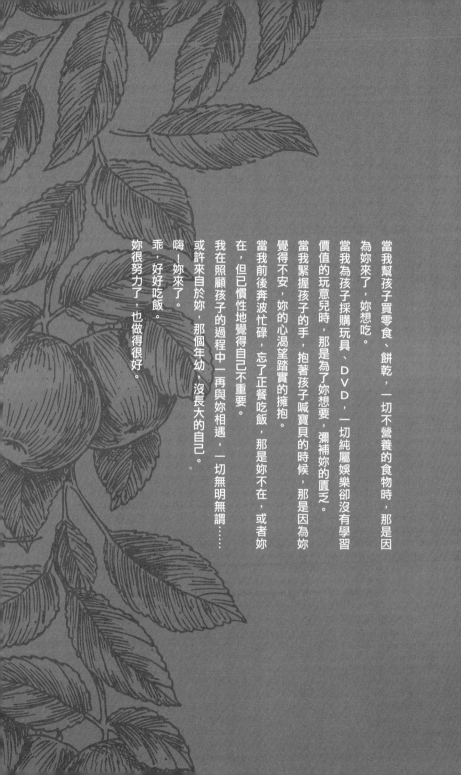

哪個媽媽愛當生氣巫婆呢？

媽媽的怒氣實在是種特別難以面對的情緒，感覺既混亂又正常，貌似驚死人地砲火猛烈，卻也很容易虛晃一下就復原。

下班回家後，為了「三不一沒有」的鳥事火了（不收玩具、不洗澡、不寫功課，加上沒有帶餐袋回來）。嘴巴催著，心裡怒著，身體坐在沙發上氣呼呼地，看著老大的聯絡簿，還在想怎麼請老師處理餐袋的事。

此時，老二拿了他畫的圖給我看。「先去洗澡。」我看了一眼，點點頭，沒稱讚也沒笑臉。

這下換老二不開心了，嘟嘴說：「哼！媽媽不喜歡我畫的圖！」

接著妹妹也把畫拿來，我都還沒開口，老三就接話：「妳那邊沒畫到。」

這妹妹啊，淚奔哭喊：「你們不喜歡我畫的！你們不喜歡我畫的……」

老二加入，指著我控訴：「哼！妳不喜歡我畫的。」說著說著，眼淚也掉下來。鬧劇，這不就是張著色畫嗎？你們哭什麼啊？想大叫的是我吧……「夠了！你，去洗澡！其他人統統安靜！」

一片喧囂中，我聽見自己大吼一聲。

＊為什麼我又忍不住吼孩子了？

當媽這個工作容易耗竭，而試圖當全知全能、秒速變頻的媽，更是會置自己於死地。孩子的眼淚算是一種哀悼吧，為他們心裡幻想的那個全知而包容的母親消失了哀悼。

我也不喜歡這樣凶惡的自己，但……抱歉，我的級數太低，變頻調節運轉困難。只能期望自己盡量師出有名了。

對待孩子，我何嘗不想溫柔又堅定？但真實情況是，我在自己當媽媽的狂亂世界裡，想取得孩子們的注意力、想傳達明確的訊息，吼那麼幾句，只是想要偷渡一點媽媽的權力與解氣的需要而已。

就當那是分貝數高了些的表達方式吧！容許自己不再糾結吼不吼的問題了。

＊對著孩子，我到底有多少種表情？

從孩子眼裡看去，看見的是一個什麼樣的母親？是否就像童話故事裡，讓可愛孩子哭泣的，若非壞心後母，就一定是可怕的巫婆？

眼前這個媽媽，時而溫暖，時而搞笑，好的時候如同神仙教母；但是好景不常，媽媽更多時候是會嚴格要求，甚至大吼大叫的可怕巫婆。同一個人有兩張不同的臉，孩子多少都會認知失調或是受到打擊。

但是，換個角度想，巫婆為什麼一定都住在幽暗的森林深處？為什麼童話故事裡，小孩一定要走過森林？

透過故事，我們涵容孩子潛意識的巫婆幻想，其實那也是成就孩子離開母親，走向冒險獨立的必經之路。

＊就是需要五分鐘，給生氣的我自己

四個孩子愣住的模樣，看來真是有點嚇到了，暫停了哭鬧。至於我自己則是在威嚇後解氣了吧，比較可以好好說話了。

「媽媽在生氣。你們不能要求我馬上就好，馬上就笑咪咪講話。我不能，我要五分鐘才會好。」

我追問：「你們生氣或哭的時候，可以馬上就笑嗎？你能嗎？」

老二點點頭，硬是努力把嘴角上揚，最後還真噗哧笑出來，搞得大家都笑了。

唉！我搖搖頭。

「那媽媽跟你們說對不起。你們可以，我不能，我就是需要五分鐘。」

老二：「其實我要三分鐘。」（是不是？）

老三：「我只要十秒。」（你有時間概念嗎？）

暫停著的妹妹又繼續哇哇叫。「我要十分鐘啦！除非媽媽抱我……哇哇！」

也是，情緒來了，我們都需要安撫。沒辦法，我的修為，就是需要五分鐘的自我安撫時間。

「可以讓媽媽坐五分鐘嗎？你們去做該做的事。」我問。

原來真的這麼簡單，老二轉身去洗澡，妹妹掛著眼淚和老三一起去畫圖。

貼心的老大跑來，說：「我來抱妳，妳會快好。」

＊我不完美，我只是個真實的母親

孩子們的成長，不正是如此嗎？總是在不斷認清，或者慢慢釋然。那些打擊他們的，不盡然都來自眼前大吼或是拒絕的媽媽。其實，某部分是來自於心裡幻想、期待著的那個——無微不至、有求必應的母親。

但，現實中的媽媽呢？

孩子啊！請還給媽媽真實的樣貌。她只是個愛著你們，引領你們走過渴望、幻滅與覺醒的女人。

此刻，我召喚自己的媽媽魂，有自信地認同自己也許不是神仙教母，但也不是巫婆。

我只是個有血有淚，有時幻想單身，有時也會當機的，一個不完美的母親。

媽媽，歇一歇

其實孩子不需要媽媽完美，
只需要媽媽承認自己不完美。

為什麼老是講不聽啊?!

當父母的大概不乏這種經驗：你叫小孩不能碰那個漂亮的玻璃瓶，講了無數次，甚至他伸手你就拍下去，結果即使他當下縮了手，也看著你認真地點頭，不出五秒，那手還是彷彿不是他的手一般，往那個瓶子摸去。

最近再次發生了這樣的事情。

早上，向孩子們預告了爸媽會晚下班，將由阿嬤暫代CEO。我幫他們把洗澡順序安排妥當，也把激勵條款說明清楚，剩下的……交給天管了。

回家時，還拿著鑰匙開鐵門，就聽到裡面有人大喊：「媽媽回來了！」

聽見這喊叫，心裡暗驚：「這下不妙！」

果不其然，老大趁著阿嬤去洗澡，正捧著一大鍋水往某個早被沒收到櫃子裡的玩具裡倒。

我大叫一聲：「你在做什麼？」

來不及了，那玩具底部根本不能盛水，嘩啦流了滿地。

妹妹和老大對看，試圖解釋：「我們只是想讓狗狗玩划船的遊戲。」

對這種現行犯，我、我、我……唉！原來氣結還真的會說不出話來。前兩天沒收那玩具就是因為他們拿來裝水，那次還只裝了一杯水才沒落底。

老二和老三說：「媽媽，我們沒有喔！只有哥哥和妹妹，他們從櫃子裡拿出來。」老二當時在房間組合積木，另一個則邊觀望邊玩動物的遊戲。

妹妹繼續說：「我本來也沒有，是哥哥拿的，我只是太想玩，就幫他裝水。」

老三落井下石，說：「我有跟他們說這樣會被媽媽罵喔！」

老二則是幫忙道歉：「媽媽，對不起。可是我沒有，我知道這樣不對。」

老大呢？急著擦地收拾，一聲不吭。

深呼吸，深呼吸，深呼吸——

我安慰自己，至少孩子們都洗好澡，也寫完功課了，他們還是有遵守承諾與維持架構的能力。至於遊戲，那是孩子的本能，即使他們知道這麼玩不對，總還是手癢心癢，不試試就過意不去。

＊「想做就做」或「乖乖聽話」，是小孩永遠的掙扎

其實，孩子也有他們生活上的不容易啊！有自己內在想怎麼玩、怎麼做的衝動，也要學會外在的規則和要求。他們運用自己的方式來調和內、外的差距，發展出不一樣的選擇：也許是照單全收地順從，也許是躍躍欲試地挑戰，或是衝動難耐地偷偷來……但都是在努力適應和生存。

如果，這些選擇的經驗會長成孩子面對世界的模式，眼前這件事，我會怎麼處理？

先不管孩子們在衝動時是怎麼調節紀律的，或許我們該先認清的是，衝動與紀律之間應該有條「通道」。而在通道生成之前，對這群熊孩子來說，「處理衝動」和「遵守紀律」就像是動物星球和新聞台一樣，是不同頻道的事。

最無奈的是，我發現即便是邁入中年的自己，也還有找不到通道的時候，只能落入「說不行就不行」的窘境。

教養的事，哪裡能一時半刻想清楚？既然想不清楚，那就先讓他們盡量說清楚吧！

「擦乾淨。老大和妹妹晚上只能看書，不能玩玩具了。還有，要想想媽媽為什麼要罵人。」

老大這才說話：「我拿這個沒有問媽媽，媽媽不讓我裝水我還裝。」

「對，媽媽更氣你沒問我就偷偷從櫃子裡拿，至少你要先問過我。」

妹妹追問：「可是打電話給媽媽，妳會說可以嗎？」

「我會跟妳說可能會漏水，玩具可能會壞掉，你們如果還要試，就讓你們去廁所試。」

「妹妹，做錯事就認錯，改掉就好了。」老大轉頭認真地說。

好啦，算你是好漢一條。

＊陪孩子看清自己的「內在頻道」

「即使到了我們這個年紀，也還在練習、還在理解，如何把心裡的話好好說、慢慢說。」一位好友曾經這麼講過。

從他律到自律，需要相當程度的認知和語言能力。即使再誠懇，要「把話說清楚」確實不容易。孩子的語言能力不足，成人則是節奏太快，我們多半都對「說清楚」這件事無能為力。

那麼，能不能先不急著讓孩子以紀律來處理衝動呢？

先單純地看清楚「衝動」這回事。畢竟，我們無法放掉自己沒有覺察的事物，而「衝動」這種感覺，正是沒有辦法清楚地知道自己為什麼想要就是要。（如果清楚了，就會有其他的選項一併被看見或取代，那麼，是否不需紀律來限制也可以主動放棄了？）

無論衝動或紀律，頻道要切換就切換吧！之後再慢慢透過語言與一次次的道德撞牆，建立起調和的通道。

而在那之前，先和孩子一起練習看清楚當下這個「頻道」的節目，透過對話培養自主的選擇。對孩子來說，這樣的過程，也許才是可長可久的內在秩序。

小孩劇場

冒煙

一群鬼鬼祟祟的小孩，在我拉開廚房門時一哄而散，只聽見熱水器轟轟響，廁所水龍頭開著，冰庫門也開著。

「在幹麼啊？」我看不出所以然。

「我們在做實驗。」始終都是妹妹比較勇於回答，接著才是哥哥們七嘴八舌地解釋：

「就是讓廁所的煙跑出來，冷凍庫的煙也跑出來，看誰比較厲害啊！」

「還有還有，把廁所的煙關進冰箱，讓他們對戰。」

「冰箱的煙比較厲害。」

我問：「結果呢？有看到煙怎樣？」

「媽媽，妳太早來了，煙不夠多啦！」

「廁所的比較弱，被消滅了。」

我關上冰箱。「看得到媽媽頭上冒的煙嗎？」

再一次，一哄而散。

跳針的碎碎唸

我們總是費力地想帶領孩子把心裡的話說清楚，但麻煩的是很多時候，其實我們也只是「習慣」這麼說，並不真的清楚自己心裡的話是什麼。

這天早上，比起其他早晨，算是比較不著急的，因為孩子們很早起床（日出而玩啊），六點出頭就在房間走道上追來追去了。

我從房間走出來，看到老二站在樓梯的木頭門欄前（門大概九十公分高，防嬰幼兒滾落樓梯用），拿著他喜歡的兩個公仔在門上排列著。

老二看到我，說：「媽媽，妳看喔！」

「不行！！！」我毫不遲疑地大喊。真的，那當下，是需要三個驚嘆號。

老二嚇了一跳，立刻拿了兩個公仔就跑回房間。而我，還在自己的狀態裡呼喊著，要他出來。

「不要，妳會罵我。」老二說。

「不會，我不罵你，你出來。」

他出來了，帶著眼淚。

「這樣很危險。」

「不會啦！」

「我們說好不在樓梯玩，也不可以丟玩具。」因為那會傷害自己，或傷到別人。

「我沒有啊！我沒有在樓梯玩，也沒有丟玩具。」

我拉著他坐下，說：「可是你在樓梯門上放玩具，然後故意開那個門，玩具就會從樓梯掉下去，底下如果有人就會被你的玩具打到。這不是在樓梯玩嗎？這不是在丟玩具嗎？」天啊！我這是在跟一個小孩辯論嗎？

「我沒有……我有看到沒有人啦！」老二哭著說。

「好，不管有沒有人，媽媽只是要告訴你，這種玩法一樣不可以。」

「媽媽抱啦！」老二依然哭著說。我抱了抱他。

去廚房洗杯子時，隱約覺得哪裡怪怪的，又說不上來。

老二跑到身後抱住我，輕聲說：「媽媽對不起。」

我心裡有點難過，但說不上來在難過什麼，只是回過頭抱抱他，告訴他：「沒關係。」

上班的路上，我注意到自己心情悶悶的，呼吸時胸口有些不順，感覺哪裡卡卡的。這個悶也讓我注意到自己的難過，大概是因為聽到孩子那句「對不起」吧，一路上環繞在我的腦海裡。

我問自己怎麼了，同時開始有種感覺，其實是我錯了。

我不分青紅皂白地，只是看到孩子在樓梯邊玩就下意識地阻止，沒有道理可言。他是真的有注意底下有沒有人，也不覺得小公仔會跟「傷人」扯上邊，並沒有違反我們的任何約定，而我的辯論，卻硬是把「違反約定」扣在他的頭上。難怪他的第一個感覺是委屈，躲到房間裡面，後來更是哭個不停，大概是心裡覺得說不過媽媽吧！

*嘴上唸個沒完，心裡懊惱不停

每天，我都會聽到自己說這些話：

「快去收一收！」「統統整理乾淨！」「到底有沒有在聽？」「不要這樣！停下來！」「還玩，都講不聽！」「為什麼都要媽媽生氣地說話？」「吃飯啦！吃完飯再講！」「不可以就是不可以，不要再問我為什麼了。」「不行，我數到三喔。」「安靜，不要再吵了！」

所有的指令都伴隨威脅、恐嚇的語氣，有時使喚，有時煩躁地數落，如果再加上不離手的手機或平板，大概就是最不喜歡自己，也最不欣賞孩子的時候了。

這種時候多嗎？說實在的，每天都會來上一會兒。可想而知，我們不僅餵養了孩子的害怕與不在乎，也餵養了自己的懊惱與罪惡感。當彼此的這些感受被養大了，又會為了逃避它們，而讓這樣的循環更加扎實地存在。

我問自己：明明知道該怎麼回應，明明知道只要慢一點、多想一點，情況就會不同，明明知道只要安靜而專注地看孩子玩耍就好……怎麼那麼多時候，還是執拗地忽視這些「明明知道」？

晚上，妹妹想玩哥哥的玩具，哥哥拒絕了，媽媽也說不可以，妹妹卻還是打開了。

我問她：「妹，妳都聽到哥哥和媽媽的話了，怎麼還是把它打開？」

她吐吐舌頭，說：「因為實在太想玩了，所以忍不住嘛！」

也許，如果讓孩子安心地說，反而能把話說清楚，而他們心裡的聲音往往就這麼簡單。

媽媽先承認自己有時太急著避開燎原的星火，有時太想解決問題，或是忙著收拾殘局，所以即使知道怎麼說、怎麼做比較好，還是會依著心裡的不安與慣性來處理。

每時每刻，我都在回應自己內心的各種疑問：「可以不可以？」「左邊或右邊？」「要前進？還是回頭？」「快些？或是慢點？」……而這些最終的決定和選擇是如何形成的？有時可以慢慢想，有時憑的是直覺，更多時候，只是為了本能地趨樂避苦而已。

＊媽媽也需要練習定心地看

如果這個家是一艘在海上航行的船，那麼，「船長」的心裡，其實也只是另一個常常惶惑不安、佯裝鎮定的孩子。

我也很想讓孩子安全、自由地探索世界。但是，唉，我那頑強的「習性」啊！總是率先出手搓掉孩子正在萌芽的自主與好奇。即使努力提醒自己慢一點、緩一些，仍會不假思索就開罵或拒絕，甚至想透過辯論堅持自己的掌控權。

沒關係吧！一次次慢慢練習。假如早上的時光可以倒帶重來，也許我會看得再清楚一些：這是一個七歲的孩子，我可以先問問他樓梯下面有沒有人，如果他有注意到沒人，我就可以欣賞他已具有的判斷力。

當他說：「媽媽，妳看喔！」我可以試著從小孩的眼光看見公仔站在門上的趣味，也許這對孩子而言，才是創造力、遊戲力的滋養，而我也會因為和孩子踏實地討論，體會到真正的安心與自由。

媽媽就是忍不住會焦慮

一早，老三到處找他的鉛筆盒，每隔一兩分鐘就跑來問我同一句話：「我的鉛筆盒呢？我的鉛筆盒呢？我昨天明明放桌子上啊！我的鉛筆盒呢？」

天啊！日復一日忙亂的早晨，可沒準備加上「找鉛筆盒」的新任務。

手邊忙著，嘴上唸他：「我不知道。誰叫你亂丟？自己去找，書包翻一下……」

找不到又來，我只好再說：「吼！去遊戲區看看有沒有啦！」

不成又來，我回：「媽媽怎麼會知道在哪？房間找一下！」

就這樣，折騰了好一會兒。

哥哥們倒是覺得有趣，當成遊戲一樣，媽媽指令一出，老大就呼叫老二與妹妹支援。一群小孩衝過來衝過去，快轉來看應該很有趣，像是名為《鉛筆盒躲貓貓》的舞台劇。

遊戲稍微沖淡了老三的懊惱。可是直到要出門上學了，還是沒找著，他哇哇哭了，叫著：

「老師說要帶鉛筆盒，我沒帶就不能去了！」

我下意識地接話，說：「那是哥哥一定要帶，小班不用啦！」

「要帶啦！如果小班不用帶鉛筆盒，那為什麼妹妹……小班，她沒有，妳還要幫她準備？」

他雖然正在哭鬧，卻還有清楚的腦袋回我。有對照，有比較，有假設，有質疑——對一個四歲半的孩子而言，這算是相當高級的辯論運作了吧！

身為媽媽，儘管覺得自己的權威感和生活的便利性被阻撓了，還是不得不佩服與接受他的認知系統運作得相當不錯，在情緒哭鬧的狀態下，可以用這樣一句話堵住媽媽，逼著我去正視自己總是想要「糊弄帶過」的意圖。

因為堵住，才逼著我停下來，然後發現自己的糊弄，是為了慣性地追時間與逃開麻煩事。

＊看見自己的焦急

「禪宗二祖」慧可昔日向達摩祖師求法時，說：「我心不安。」

達摩祖師說：「你把心拿來，我幫你安。」

慧可答：「心在哪裡？我找不到。」

達摩祖師則應：「你的心，我已經幫你安了。」

我的四歲小兒，倒是照見了我心的不安。心看不見、也找不到，但可察覺到自己的不安處，也就是找到我那習性中容易著急的心了。

每個人的習性不同，在意的點也不一樣，有些人在意整潔，有些人對於失誤、疏漏無法放過。對我來說，「時間」就是我的罩門，就像《愛麗絲夢遊仙境》中猛看錶的兔子，總是喊著：「來不及了！來不及了！」

這次，當孩子對謹遵師命的焦慮，撞上我對準時的焦慮，鬼打牆只是剛好而已。

接住這些發現後，一笑置之，我才開始分辨自己到底在急什麼、逃什麼：害怕孩子哭鬧不休？害怕孩子無限上綱地拒絕上學？害怕耗費自己的時間和精力？害怕……

然而，當我陷在自己的習性與害怕中，哪有多餘的空間處理孩子的習性與害怕？

而且說實話，我努力安撫的只是自己滿滿的害怕與不安，又與眼前的娃兒何干呢？

先把我的部分看完放旁邊，才能空出自己的心來面對老三，去回應他心中的不安。

我一個字一個字慢慢說：「我知道你怕老師罵。不怕，媽媽知道你不是故意的。如果你不

哭，好好告訴老師，老師也會明白。」

見他冷靜了點，我更緩慢、更堅定，一字一句地說：「我—們—現—在—要—上—學—了，鉛—筆—盒—回—來—再—找。你聽懂了嗎？」

只問聽懂了沒，不是問好不好，是為了「強迫選擇」，他只能點頭和回答「懂」。

老三點點頭，牽起我的手出門了。還好，只多花了四分鐘。（唉！抬頭看時鐘，表示我又切回去追時間的我了……）

＊留一份寬容，給自己，也給孩子

「若孩子還是持續哭鬧呢？」朋友問。

我的心機重，要不糊弄地達到目的，方法還很多，應對這些孩子們堪稱足夠。如果自己可以不著急了，就持續而堅定地複述同一句話。

孩子若始終不買單，也許他在意的點就不是老師了。雖然還是猜不到他的心想要些什麼，但至少會清楚孩子此時的內在就如同我們被不安充塞一樣，混亂，無法言說。

我們就先騰空自己的心吧！

接著，抱抱他，話不用多，短短回應一句「媽媽知道你不開心」就好。不需在語言上著墨或預告自己要怎麼做。

在孩子情緒暫緩時，直接牽起他的手，以行動來引導他離開膠著。這是一種直接面對孩子的姿態，而他將會在等待與連結的行動中，體驗到如何漸漸安穩下來。

只是，當個聰明機伶的媽媽容易，要成為自在、真實的媽媽卻非常困難。尤其孩子一年一年長出了自己的個性，我猜錯或解讀錯誤的次數，有時比猜對還多。方法和技巧可以透過學習變得熟練，但最困難的是，遇到狀況時，如何提醒自己從資料庫中把它們提取出來？

我那滿載著習性與焦慮的心啊！如何能不順著自己的習性而走？是否能夠停下來，去消化或框住自己的不安？是否能在心中騰出空間，接納孩子的狀態？

也許當我做到了，才是真正的「綽綽有餘」。

小孩劇場

腦袋破洞

妹妹問老三：「你記得老師說明天要穿短袖運動服嗎？」

老三：「不記得，因為我的腦袋破個洞啊！怎麼會記得？」這種比喻虧你說得如此自然！

老大在旁邊整理亂七八糟的書包，喜孜孜地笑著叫我：「媽媽，你看，我找到了，都忘記我有這四個擦布！」你的快樂建築在媽媽的虛脫上。

老三對妹妹說：「妳看，哥哥的腦袋也破洞。」這倒是真的……

妹妹：「他是沒有腦袋吧！」

我知道妳很愛我

「我知道妳很愛我，離開媽媽去做妳想做的事沒關係的，我會很安心，這表示妳長大了，心也大到可以把我裝進去帶著走……沒看到我也不用怕我不見，這樣很好啊！」

我牽起妹妹的手，按按她的心口，面對面這麼告訴她。

這天晚上，妹妹說她想要自己的床，不想跟我們睡。礙於空間，我剛開始有點猶豫，說我得再想想。

她接著又說：「還是不要好了，我還是喜歡跟爸爸媽媽睡。」

「妳要不要先練習我不陪你們，妳跟三哥哥也可以自己睡著？」我提議。

但也許是我前幾天不在家，妹妹都跟阿嬤睡，她實驗過，也準備好了。

「我想自己睡，可是又想跟你們睡，然後跟哥哥聊天就會睡不著，但我又想和他說話……」

女兒啊，人生就是得不停在這些「要」與「不要」的矛盾中，一次次做出選擇，再面對另一種面向的失落。

「我們都愛聊天啊，可是就像媽媽不在時，妳會幫忙管哥哥一樣，妳也要練習管好自己喔！」

「好，那我要自己睡。」沒多久，「不要好了，我還是要跟媽媽睡……」再過一會兒，「媽媽妳先出去，我自己睡。」不到五分鐘，又跑來，「媽媽，我睡不著，妳陪我睡……」

就這麼來來回回了無數次。

如果有縮時快轉的錄影內容，左邊一機播放著三兄弟躺在床上聊天聊得挺開心的畫面（給他們明確的限制後，轉為竊笑著小聲聊，這會兒也不知睡到哪個層次去了）；而右邊另一機，則會看到我們這對母女，門裡門外雖然沒有說什麼話，卻老在跑進跑出，忙得很，看不見何時才能終了。

看著妹妹跑來跑去，我自己也為了回應她而奔波著，不禁想問：我們兩人到底在忙什麼？我知道我想訓練孩子自己睡，但如果孩子的心沒有跟上，大概就會像現在這樣，免不了要一連串地折返跑。

要放棄嗎？還是再跑一下？我問自己。

＊睡覺，是分離的必經過程

也許，這過程不只是選擇什麼或失去什麼而已，更像是孩子朝向獨立或媽媽願意放手時，想透過抓住些什麼，來讓彼此內在的騷動得以平撫的方式。就像情侶分手時的藕斷絲連──明知彼此難以繼續，準備好要分開，卻總還是有那麼點捨不得。「我們再試試。」只為留住那點美好溫存。

孩子心裡都嚮往著獨立，所以分離的方向是自然的。但是，進入睡眠像是進入另一個世界，如同我們到異地遠行，當沒有足夠的冒險精神和認同自己可以處理的信心時，就會希望能有個旅伴可以依賴、壯膽。

孩子害怕睡覺之前的分離，也是因為心裡還沒有足夠強大的安全感，能讓他在困惑不安時擷取。

他們需要抓住外在關注自己的來源，以相信自己是安全的，就像學步兒探險時頻頻回頭，只是為了搜尋生命起初認可的眼神，再把那道眼神存在心裡，成為安撫自己的力量。

＊一點一滴地滋養安全感

一般來說，安全感會隨著經驗的灌注慢慢變強大，也許是分離之後再看見父母，也許是照顧者的安慰和滋養，或是孩子從挫敗與混亂之中，體驗自己持續被愛著。看來，這些安全感的來源，都不是這一刻倚賴我說什麼就可以直接擁有的。

「好像也不用那麼急。」我這麼對自己說。

以現在的情況來看，大概要等到我們母女倆彼此累極了，才能甘願放手吧！

回想起來，老大和老二也是如此。好一陣子，我輪流在不同的床上睡著，被「無影腳」踢醒後，我回去自己的床；等他們醒來，又跑來找我擠成一團……這樣持續了好一陣子，直到我累得受不了，在某天頒發詔令：

「媽媽這樣實在睡不好，即日起，哥哥們自己睡，媽媽停止陪睡，欽此。」

有趣的是，我原以為會引發一陣騷動，卻也沒有太大的反彈聲浪就過去了。至於老三，最近因為貪玩，喜歡去跟哥哥廝混，雖然不能說長治久安，但或許這也是他的過渡方式。

如今，妹妹撞上了這個議題，我的心告訴我：「再累，也免不了要折返跑吧！」雖然接著下一句就是：「一定要嗎？」好像有些不情願，但終究我還是選擇以行動來安定妹妹的心，包容這樣一場雖然有點瞎，但能看見深刻意義的忙碌。

＊慢慢往自己睡的方向前進就好

接納「折返跑」後，我反而安心了，想為今晚設個時程：如果可以，想辦法讓妹妹安心地躺久一點，即便只是多五分鐘都好；若不能，那就明天再繼續。

「妹，不急啦！慢慢往自己睡的方向前進就好。媽媽知道妳也想這樣，而且因為我知道妳很愛我，離開媽媽去做妳想做的事沒關係的，我會很安心，這表示妳長大了，心也大到可以把我裝進去帶著走。」

「沒看到我也不用怕我不見，這樣很好啊！表示媽媽在那裡了。」我牽起她的手，指著她的心。

抱著她，享受這一下下的安靜。

「不用急，妳先去睡。媽媽會在客廳寫我的作業。真的睡不著，就閉上眼想想媽媽坐在客廳的樣子，那也是在陪妳，好嗎？」

妹妹抱了我一下就回房間，這次沒再跑出來了。

妹妹晚安，祝好夢。

媽媽，歇一歇

放手，放下身為母親，
血液裡流著想要和孩子永遠在一起的母性。
允許，讓自己在心裡適度拉開與孩子的距離。
因為慢慢地，我們即使失落，
也會真心期望引導孩子成為一個完整的自己。

晚上該睡不去睡——上床記

我們家就像宿舍，有管理規章，例如：在晚上八點以後，不能玩追來追去、打來打去、丟來丟去……什麼來什麼去的遊戲。只能看書、寫字、畫圖、聽CD，只要老實坐著，想寫書法或刺繡也可以。這是因為八點半要進房躺平，醞釀睡意，若沒那半個小時的緩衝，孩子們會睜著晶亮的眼睛，進到房間像進入親子館，大叫、追逐兼跳床。

而媽媽呢？過去還能優雅地講睡前故事，但隨著他們長大，故事姊姊再無吸引力，就只能像打地鼠般，為了要孩子們安靜躺下，只能又是怒吼，又是抓狂。

某天晚上，暖男老二到了八點鐘還想繼續練接球，被我制止了。

起先，他試著爭取，「已經七十球了，我快連接一百球了，再一下下就好。」

我搖頭拒絕。他停下來，卻變回那熟悉的高敏娃兒，生氣、抵制、握拳、哭鬧，整整半小時。

我也生氣了。「講好的就一起遵守。如果你玩了，哥哥、弟弟他們也都想玩，就會變回以前那樣，晚上睡不著，早上起不來，媽媽又要氣不完了。」

「我不會那樣，那是妳自己愛管、愛生氣，又沒人叫妳生氣！」

夠狠，媽媽心上被插了一刀。

「好！對，都是我，是我愛生氣，愛管你們。那我都不要管你們，隨便你們，就不會生氣。」

管他拋不拋棄，這話還是吼出來了。

「這樣講好嗎？」我坐到「冷靜沙發」上，心裡飄過這麼一句。

＊冷靜之後，看見孩子的好

這幾句狠話很熟悉，長大的過程中，只要自己有點反骨，想認真爭取什麼權益時，就會聽到父母或某位老師拋出類似的話語。當時聽著刺耳，心想：

「你們大人怎麼都不講道理的？只會威脅要拋棄，然後要我們服從。」

我也曾立志要傾聽、要明理，覺得自己怎樣都不會那樣對我的孩子們說話。曾幾何時，我也成了一樣的大人，一樣拿著權力的槍枝，只是那根神經還沒被真正挑起，自己還沒扣下全有或全無的扳機……

老二衝回房間裡哭，其他三個小孩和爸爸也不敢介入，默默回房。

老二邊哭邊唸：「嗚……不管就不管，我又不會那樣，我又不會那樣。」

唉！這話我也熟，因為我也曾委屈地氣哭過。

其實這孩子的執著已經調整很多了，尤其放眼在常規，只要是他接受的規則，他都是最自律的，從來就是該睡時去睡，最早起床。老師也說，早自習時就算全班吵翻了，他也自己看書，不為所動。

＊我會笑咪咪地等你

媽媽冷靜過後的心，感覺被刺的疼痛已緩，就剩下理解後所生的愧疚。

進去老二的房間。跟他同房的老大累極了，沒管弟弟哭聲震天，還是照睡，實在令人佩服。

老二看我進房，爬起來站在床上。我們很有默契，先來個「和好大抱抱」。

「好了，好了，媽媽剛剛想過了，對不起，我不該那樣說。我一定會管你們，但也應該要聽你說。今天是我忘了你其實很會管自己，因為其他三個人還不太會，我怕大家都會拖拖拉拉

的，又變回像之前一樣。」

「媽媽，我不會，我都會自己看時間。」

「好。那下次如果時間到了，你還差一點就完成呢？」

「妳不用生氣，給我五分鐘就好。」

「好，你會管自己，就給你這個權利，我會笑咪咪地等你。但是，如果你常常這樣，或是超過五分鐘，我就要把權利收回，跟其他人一樣不可以了。」硬是要把規則講成是獎賞與榮耀。

隔天一早，我在「宿舍」公告周知。妹妹立馬起床，說：「媽媽，我也沒賴床啊！」

「有，我有看到妹妹最近都沒賴床。好，如果一個月都沒賴床，而且都按照時間去睡覺，就表示你們可以管自己，即使拖一下，媽媽也不會生氣，相信你們真的只要『再一下下』。」

我真的很愛生氣嗎？

在行為矯正技術中，有一個用語「負增強」，在這裡恰好適用，也就是說：他們不賴床，媽媽就不生氣。這樣一想，孩子們似乎已把我的「生氣」，制約成不賴床或其他好行為的「負增強物」了。那麼，好吧，我只能苦笑承認：是，我很愛生氣！

早上怎麼起得來——賴床記

已經三、四天了，孩子們不像之前一樣會主動早起跑來叫媽媽，而是換成媽媽得跑去床邊叫他們起床。甚至，又得當回那隻母獅子吼個兩句，威脅他們要收回玩具，口中數著：「一——二——三……」

就像這天早上，七點零五分，為了叫老大和老二起床，已經逗他們、抱他們一會兒了，還在努力著。

「起床了，換你們來媽媽這裡抱抱。」

兩人翻個身，裝作沒聽見。

「七點了，去尿尿和刷牙。」我的音量比剛剛大聲了一些。

他們翻來翻去，看了我一眼，但依然趴著。

「起——床——！要上學了，會來不及，不要讓媽媽這樣一直叫。」

老二一副也很生氣的樣子，說：「不要，妳出去啦！不要起床！還沒七點，還沒七點……」

這是在睜眼說瞎話嗎？

我只好換叫老大：「你先起床，快點。」

裝死，完全不理。

我有點無力地看著他們，感覺自己又快要進入獅子吼模式了。

「趕快起來啦！你們要上學，媽媽也要上班，快遲到了。」

老二也更大聲了。「妳出去啦！不要上學，今天不用上學啦！」

睜眼說瞎話，again。

我感覺自己嘆了口氣，心裡飄過千思萬緒：「該怎麼辦，又要開罵了嗎？」「有這麼小就在拒學的嗎？」「這孩子！唉……」

不過，心裡的這些聲音反而讓我冷靜了下來，問老二：「你知道你在趕媽媽出去嗎？」

他還是趴著不看我，只是喊著：「不要，不要，不要，不要！」

看來是進入「什麼都不要」的自閉模式了吧！

＊獅子吼媽媽變身為「好奇」媽媽

坐在老大的床沿，看著旁邊的老二，我突然好奇了起來——真的，像是切換到另外一個模式（也許是好奇模式？總之不是那隻焦躁想吼叫的獅子了），突然平靜了下來，只覺得困惑：這兩個孩子到底想幹麼？

搖搖頭，想不通。

我轉頭問老大：「你呢？該起床了吧！」

把老二晾一晾，他漸漸安靜了下來。

老大瞇著眼睛，說：「弟弟起來，我就起來。」

「呵！呵！」我在心裡笑了出來。這就是孩子多的壞處，總會上演這種聯合造反，擒賊還要先擒王的戲碼。

我戳戳老大，說：「欸，你們真的要我出去嗎？真的嗎？你們最近怎麼搞的？每天都要媽媽這樣生氣地叫你們起床……你可不可以跟媽媽說，我到底要怎麼做，才能不要生氣地叫啊？」

老二躺在那裡安靜地聽，我心想，不知道他會不會高興有哥哥與他同在。

老大這下坐了起來，要我抱他，口中還在賴：「妳回妳的房間，我會去找妳啦！」這是個小孩，無誤。

老二也坐起來了，問著：「為什麼要七點起床？為什麼要上學？」哇！我暗自讚嘆，這種對規則的「高級反骨式問題」終究是來了。

一時間，我不知道該怎麼說，只好抓抓頭，「好問題耶！媽媽想，這就跟你們喜歡玩的象棋一樣吧，兵可以吃將，卒可以吃帥，遊戲規則就是這樣啊！」

「起床上學又不是遊戲。」老二鍥而不舍地反駁。

我也毫不讓步，「就把生活當作是遊戲啊，按照規則玩嘛！這樣你啊、我啊、老師啊，爸爸、弟弟、妹妹……所有人，我們都會知道下一步該怎麼走，你不覺得這樣大家都好過嗎？」

老二愣了一下，回應：「妳先去房間啦！我會去找妳……」

看看時鐘，七點十五分，不錯，只過了十五分鐘。看來危機解除，媽媽這一回合安全下莊。又是一場生活細節的智力大考驗，不過這一次，我倒是驚豔於自己可以跟「獅子吼媽媽」分離了。

那一剎那，真的可以感覺到自己對他們只有好奇，而不是生氣。

不進入對抗的模式，孩子便可以直接說出想法或問題，我也可以切割出某個平靜的狀態承接與回應。畢竟疑惑只是疑惑，而所謂反骨、不反骨，只是我們用對抗模式來看待這些疑惑的眼光罷了。

到了晚上，我先預告他們：「嘿，你們明天早上一樣要七點起床，準備上學喔！」

孩子們笑笑回應：「好。」

老大還加碼說：「媽媽，我不會再賴床了！」

隔天一早，我還是早了五分鐘去叫他們，以免他們又再次賴床。

「我起床了。」老二坐起來，雙手高舉。

「太好了，你起床了。」

盲從的老大也笑著坐了起來。

這畫面真讓人心情愉悅啊！不知道能持續多久，但我有過和獅子吼媽媽分開的經驗，就不怕跟你們一回合、一回合地上場操練了。

✻負責，不用卡在叫孩子起床時教他

果然，準時起床的日子沒過多久，孩子們又開始賴床了。

明明前一晚九點就睡了，週一的早上，叫醒他們仍是件艱鉅的任務。回想先前才為了處理賴床問題，大費周章地研究了好幾天，總算有了跳脫獅子吼的機會，這會兒又來了。

早上七點十分，玩也玩過，叫也叫了，明明四個小孩都醒著，卻像是約好似的不起床。

我坐在床沿，腦袋有點空白，不想再重複喊著同樣的話，但也搞不出別的把戲，撐著下巴，跟自己說：放空一下吧！

老三偷偷看著沉默的我，自己爬起來去刷牙（他一直是個比較希望得到讚賞的孩子），回來後見其他三個仍在那裡趴著，也躺回去。

我問老三：「你怎麼做到的，可以自己爬起來去刷牙？」

他回：「我就邊睡覺邊走路，去尿尿、刷牙完，再回來睡呀！」

這好像也是個辦法。

我問其他人：「那你們有時候可以自己去刷牙，不用媽媽一直叫，怎麼辦到的？」無聲無息。

但沒多久，老二說了：「我只是現在不想起來。」

老大說：「我捨不得我的小被被。」

這也不錯，給了我清楚的理由。前者聽起來是在說他起床的時間他自己決定，很像老二會說的話，至於後者……一樣，還是同一個小孩。

無敵會賴床的妹妹呢？繼續換個趴睡的姿勢，沒回應。

我問：「那妹妹呢？」

她嘟嘴說：「還想睡覺嘛！」

我就這樣坐著看他們，什麼都沒想。靜默又持續了一會兒。

「唉！」我站起來嘆口氣，「好囉，媽媽等一下七點五十分會開車，要坐媽媽的車就趕快起床，不然就晚點跟爸爸或阿嬤走路去上學（這對我算是充滿安全感的後路）。媽媽一向說到做到，現在不叫了，你們自己起來吧！」

回頭又補上幾句，「對了，不要哭著說媽媽愛不愛的問題，你們心裡都知道媽媽很愛你們，也很喜歡開車送你們，只是開車是固定時間，來不及就跟爸爸走路吧！」

「負責」該如何教？大概免不了要搞清楚：在哪個階段？是誰的責任？或者困難在哪裡？……之類的問題。

我們不會為了一歲孩子賴皮而懊惱，也不會為了五歲小孩不幫忙洗碗而生氣，因為我們會斟酌孩子的能力、特質與風險，會希望培養他們的主動性更甚於服從性。有時，即使對於孩子們該做到、但還沒做到的事，比如六歲小孩反覆尿床，也都還會試著理解「尿床」的狀況是在

傳達些什麼潛意識的訊息。

這些，都是我們在「負責」兩個字底下權衡許久的思考，沒那麼簡單。

但我認為，每個不焦慮的父母都有能力過渡與培養孩子必要的態度或技能：重點一是「不焦慮」，來自於父母內在的自信；重點二是「過渡與培養」，關乎外在的親子連結及行動策略的選擇。

就當我開的是輛娃娃車囉！說這些話的時候，我是真心想要那麼做，並且做得到不生氣，也不愧疚。畢竟親職人生啊！我們免不了一次又一次地處理相同的事件或場景，像是賴床、說謊、翻白眼、搶玩具、打架等。

耐著性子重複地面對不代表無能，只願自己每一次的處理，都在學著跨過某些關卡。

這一次，我準備要花多少力氣消耗在和孩子對峙上？

當這四個孩子各自施展「執拗」的功夫時，我如何不成為第五個小孩？

要能夠真心不慍不火地起身離開，這對我而言，已是心性與脾氣的跨越了。

老大和老二看著我站起來綁頭髮、換衣服，兩個人先後去廁所刷牙了。至於無敵愛賴床的妹妹，還繼續在床上滾著。

爸爸泡了牛奶上樓來，我對他說：「妹妹晚起沒關係，等一下我送他們三個去上學，晚點你帶妹妹走路去喔！我會告訴老師說她晚點到。」

妹妹一聽到「告訴老師」就坐了起來。

爸爸則是倒退一步，說：「什麼？」接著馬上去拉小女兒，把她半推地送進洗手間，催促：「快點啦！妳也很想坐媽媽的車對不對？」

爸爸這算正面表述了，只是關於負責——先擱著吧！這算是「父女」的專利嗎？如同我和我爸，彷彿行動的共謀……唉！也罷。

＊十分鐘的賴床，獨賴賴不如眾賴賴

經過一段時間與賴床纏鬥後，終於找到了一個讓我們不吵架的辦法，就是「把鬧鐘調早十分鐘」。有時是我去他們的棉被裡，有時是他們來我的床上，總之，獨賴賴不如眾賴賴。

大家一起賴床，在床上聊聊天，有時聊做的夢，有時說說早餐的菜單，有時一起講講天氣，講講今日行程，當然，有時會為了要他們穿雨衣而吵架。

這招有效，給賴床一個身分，不知不覺地，不太會為了起床開心或不開心，多是為了那段

十分鐘「漸漸現實」的內容塞進什麼而心情擺盪。

從睡眠到清醒，是需要過渡的吧！

十分鐘的賴床，是我們自潛意識至意識的擺渡。

有天早上，妹妹賴床時問了我一個問題：「媽媽，我想問一個問題，什麼時候妳最開心跟快樂？」

嚇到我！我心裡嘀咕：妳是幾歲啊？問這種問題？還是因為是心理師的女兒？

我回答：「跟你們玩的時候啊，抱抱的時候吧！那你們呢？什麼時候最開心和快樂？」

老大說不知道，老二覺得和媽媽玩象棋的時候，老三說上課的時候。

「妹妹，妳呢？」我問。

她說：「吃早餐的時候。媽媽，我今天想吃起司熱狗三明治。」

我還以為會是什麼感人或哲學的答案呢。並沒有。但能喚起現實，擺渡得很迅速——起床吧！

必須說，媽媽對妹妹的欣賞已達偏心的程度了。

小孩劇場

「負責任」放假了

又是老大，睡前還留了遍地開花的玩具。

老二要代收被我阻止，叫他們三個先去睡覺，我有點惱火地盯著老大善後。老大收完來討抱，我可以感覺自己有點氣，有點僵硬。

「我不想抱，還在氣啦！而且不知道怎麼了，覺得愈常抱你，你愈賴皮欸！不是說好了你要練習負責任嗎？」

他煞有其事地澄清：「媽媽抱，媽媽抱，我賴皮跟你抱沒關係啦！」

「真的嗎？那跟什麼有關係？」我好奇「理由伯」這次又要說什麼。

「因為我的『負責任』放假了。」

哇！什麼鬼？我的下巴掉下來了。

健康、快樂、善良、誠實、負責任，這五點雖然老派，但是他們打小就熟悉的家訓，也是期許他們遵循的價值。他老兄前面四項可圈可點，就剩最後這一項……

我陰惻惻地問：「那明天，你要不要讓『快樂』也放假？」你阿母不喜歡輸的感覺。

是創意？還是破壞力？

一直納悶為什麼這兩天家裡總是到處有螞蟻。明明是乾乾淨淨什麼都沒有的桌子和只有書的書櫃，擦過之後沒多久，螞蟻又來了。

現在我終於知道人是誰殺的啦！

孩子們最近喜歡摺小飛機（真的很小），家裡到處都是，我用掃把清掉了不少，倒是從來沒拿起來或細看過這些飛機。

一天早上，他們在樓下吃早餐，純粹是好奇他們在聊什麼，媽媽當了一會兒「摸壁鬼」，站在樓梯口偷聽他們講話。

「不是啦！用這一面，這樣蓋下去，才會看到飛機下面，對對對……」老二說。

「飛機不好蓋。」老大說。

老二說：「啊，可是你上次用麥斯印章蓋下去，還看不清楚，是因為花生醬太少嗎？」

妹妹問：「還是要用草莓果醬？」

老二說：「不要啦，那還要去冰箱拿。」

「媽媽說，不可以自己開冰箱。」遵守規則的老三說。

老二又說：「大哥哥，你用我的花生醬，我的比較多啦！」

這時妹妹直接跑去開冰箱，接著跑回來稟報：「沒有草莓果醬，只有奶油。」

「喔！妳開冰箱。」老三指著妹妹說。

「又沒關係。我告訴你喔，冰箱裡有草莓養樂多，媽媽都沒有講……」

「你們看，這次比較清楚。」老大說。

老二說：「你不要蓋那裡啦！會被發現，要蓋上面。」

*花生醬蓋章的現行犯

差不多就好……雖然我很想繼續聽下去。

我刻意大聲地關上樓梯的門欄，走到他們身邊。可憐的老大，愣愣地看著我，手上還拿著滿是花生醬的飛機，標準的現行犯。

「你玩花生醬？」我問，心裡覺得又好氣又好笑。

書櫃上都是花生醬的印子，我去拿了抹布，叫老大擦。他倒是乖乖收拾，嘴上說著：「老二也有，他叫我蓋的。」

老二在旁邊都不吭聲。

老三加碼，說：「都是二哥哥叫他蓋的。我沒有蓋喔！媽媽，我最乖。」

我摸摸老三的頭，望向老二，問：「你蓋在哪裡？」

他吐舌頭笑了笑。老大幫他回答：「他都蓋在上面。」

連指帶比，原來都蓋在櫃子的上緣了——也就是說，除非我蹲下來由下往上看，否則不會看見。

「媽呀！這麼多！」我驚呼。

不只櫃子上緣，桌子也是，就像有人把口香糖黏在桌面下方一樣，桌子下也黏得很，難怪這兩天有清不完的螞蟻！

我的腦袋閃過了某個畫面：連續劇裡不是總有媽媽捏著、轉著小孩的耳朵，把孩子拎回家嗎？老實說，我現在真的有點想捏著老二的耳朵，拎他去罰站。

可是一這麼想，我反而覺得好笑，停頓了半分鐘思考：現在該怎麼辦？還要欣賞老二的創意嗎？可是他偷偷摸摸地，如果只是一笑帶過，會不會助長大家以後都一起這麼做？慢慢教，好好講呢？沒用啊！他就是知道這是錯的，才要「偷偷摸摸」。想做的事，知道不能做就偷偷來，只要確保不被發現就好嗎？再繼續這樣還得了……

＊我到底在擔心什麼？

停止，再下去都是災難的幻想了！

我問自己：到底我在乎的是什麼？弄花生醬蓋印章？不，雖然玩食物不可取，但這對老二來說只是玩樂的方式，好教、好談，容易取代。

我在乎的，就是那直接浮出腦海的四個字：「偷偷摸摸」。它會勾起我後面一拖拉庫的幻想，我會因為那一堆幻想而生氣或失控，忙著跟幻想打架的我，就會失去和眼前這些孩子真實接觸的機會。

「停下來。」我只在心裡跟自己這麼說。

我拿了一塊抹布，蹲在老二身邊，對他說：「去擦吧！櫃子、桌子……還有哪裡？梳妝台？好（這個字應該是勉強從牙縫擠出來的）……你之前蓋過章的地方，都去擦一擦。再說一次，可以玩玩具，不要玩食物。大家說一遍。」

我很弱地宣告，孩子們很弱地複誦。

＊設立底線，讓孩子自由發揮

孩子們都需要遊戲，玩的方法有時帶著創意，可能也帶著破壞力。我總是要提醒自己：準備好，任何事情都有可能發生。

一切都會隨著成長而改變，不如給他們一條是非對錯的底線，其他就由著他們吧！

至於偷偷玩、偷偷開冰箱、發現自己和世界會隱瞞（比如媽媽沒說買了養樂多）、會騙人……這就比較花時間了，我得再想一想。

晚上——明天或之後再說好了，這種事，我相信很快就有機會再提起的。

媽媽好想有自己的時間

陪著老三和妹妹上床，妹妹半睡半醒地問我：「媽媽，妳會陪我睡覺嗎？」

「會啊！」我回答。

她聽了就對老三說：「你抓那隻手，我抓這隻手，這樣媽媽就不會跑掉了。」

我沒反應過來，心中算計著，搞定他們後，時間還早，可以看幾集美劇，同時嘴裡叨唸：「快睡覺了，妹妹，答應我，明早不賴床喔！」我只說我想說的，根本沒在管他們講什麼。

兩個孩子不但一人抓我一隻手，還堅持頭要枕在我的身上。我把他們的頭移開，喊著：「這樣媽媽很不舒服啦！」

老三貌似委屈，率先發難：「媽媽把我推開，媽媽把我推開！」

這次像是兄妹連心的戲碼，妹妹加柴添火地說：「媽媽每次都不讓我們抱著睡。」

聽著妹妹的話，老三眼淚還真的掉下來，假哭變真哭了。

天啊！這是怎麼了？我忍不住要辯解：「哪有？常常抱著睡啊！哎，有這麼嚴重嗎？你們兩個的頭在媽媽肚子上壓著，不舒服嘛！」

兩兄妹不依不饒，繼續跳針，我深恐驚動隔壁的兩個哥哥，忍不住喝斥他們：「夠了！睡覺就睡覺，不要這樣亂哭。一人一隻手，安靜睡覺。」

他倆掛著眼淚稍稍安靜下來。

沒多久，老三睡著了，妹妹還在滾來滾去。我努力繼續裝睡，妹妹突然爬了起來坐著。

「怎麼了？」我問。

「媽媽，妳常常偷偷跑掉。」

說真的，聽到這句話，腦袋有被雷打到的感覺。也許是因為我這兩天才在想「偷偷」這個問題：小女兒前幾天偷開冰箱，發現我偷買了草莓養樂多卻沒說；也許是出於對小女兒的讚嘆，因為我剛剛才在心裡計畫要如何脫逃……

被她一語道破，著實讓我非常驚訝。

＊大人的偷偷摸摸

當爸媽的都會遇到「偷偷」的問題，可能是自己躡手躡腳地爬起來大啖珍奶、雞排，可能是小孩直接從櫃子裡拿餅乾、逕自從冰箱裡拿飲料，甚或是把媽媽包包裡的糖果翻出來。再嚴重點，可能是去朋友家，孩子把別人的玩具給「順手」帶了回來……

通常，遇到「偷」這個字時（尤其是大人忽略自己的行為，卻注意到小孩的「偷」），如果父母的腦袋沒有一定程度的理性、清明，就會觸動潛意識裡那根緊繃的神經，產生許多憂慮。

畢竟，每個人在孩提時代都跟自己的「偷偷傾向」掙扎過——那種很想要某個不屬於自己的物品，渴望擁有卻又得不到的心情；知道某些行為會造成一定程度的傷害，卻寧可冒險的衝動；賭著不要被發現，也想要去做的念頭……甚至到了成年，你我不妨自問：有多少行為還在重複同樣的欺瞞與「偷偷」？

＊別再對自己那麼嚴苛了

我們都是平凡的家庭和平凡的父母，懂得制訂規則來教育孩子。但如果規則有礙正直行事，甚至造成偷竊或撒謊的行為，我們就會來來回回地拿捏、討論與修改規則，或是嚴明重申哪裡是不可僭越的最後一道防線。

我們可以對孩子有這樣的彈性，是因為我們可以輕易指認出他們只是孩子，他們的行為是在取得大人的注意，也是適應社會規則的過程。

其實，平凡的父母心中也有這樣一個仍在成長，也許帶點自我中心的小孩。我們有時幻想這個世界可以任由自己支配或拿取，而這潛意識的幻想時不時會衝出來，特別是當我們有許多渴望，或者是自己都疲憊到痛恨自我約束時。即便知道現實情況無法滿足我們，或不容許我們那麼做，也要偷偷來。一面是高標準而嚴格的「警察」，一面則被「偷兒」的陰影占據，我們已經習慣用分裂來面對自我，並且常常在心裡上演這齣自我批判的法庭戲。

有沒有機會，透過感化，讓我們與自己心中的「偷兒」對話？也許整合了自我之後，我們更能輕鬆地帶領孩子去適應社會規則。

＊界線是可以彈性調整的

我想要偷偷爬起來看美劇，這個「偷偷」被小女兒逮到，算是不折不扣地被「抓包」了。

我抱抱妹妹，說：「對啊！媽媽有時候好累，好想有自己的時間可以安靜地看電視……妳

知道什麼是自己的時間嗎？」

她搖搖頭，「不知道，是不是妳一個人，我們都要睡著？」

我一時也說不清楚。「差不多。就像……妳想自己喝一罐養樂多，不想跟哥哥們分享，是為什麼？」

她好像有點懂了。「這樣我就會喝比較少。」

「對對對，和你們在一起的時候，媽媽就會注意你們，不能做自己想做的事。等你們睡著了，我就可以有『自己的』時間，跟妳有自己的一瓶養樂多一樣了。」

這下她真的懂了，沉默了三分鐘，說：「媽媽，妳不用陪我睡，我自己睡就好了。」

感謝老天啊！這是怎麼樣的乖女兒？

「真的嗎？真的可以？太謝謝妳了！」

如果女兒是我心中這個「法庭」的法官，我真心感謝，她讓我體會到什麼叫做「當庭釋放」了！她的慷慨幫助我修通內在那個偷兒小孩，可以光明正大地說出自己的需要。

我會記住這個時刻，提醒自己和孩子們談談。我們心中都有一條不容跨越的線，很多時候只是被自己的焦慮擴大了那條線的範圍，或硬是加上踩線的電擊，反而因此無法誠實。

也許，陪孩子們面對內在的一些需要，適時調整一些已經不適用的規則，也談談這條線的意義，才能真正讓彼此更誠實、輕鬆，也更自由吧！

你為什麼不看我？

「呸！」早上老三和哥哥吵架，不開心地吐了口水。這已經是這星期第三次了。

「你怎麼會做這個動作？」我問。

他不看我，也不回答。

妹妹在一旁說：「因為〇〇〇都這樣。」

〇〇〇是老三和妹妹的同學，他們回家後會告訴我〇〇〇今天在學校又做了什麼。孩子們有時覺得他很搞笑，尤其是老三，會說：「〇〇〇是我的好朋友。」他帶去學校的餅乾糖果也都會和〇〇〇分享。

孩子們能將家規倒背如流：「不可以傷害自己，不可以傷害別人，不可以破壞東西，不可以浪費食物。」關於〇〇〇的事，每次的結論都一樣，「我很開心能和〇〇〇做朋友，但我不

能跟他一起做……（傷害別人之類的事。）」

但這次，老三卻吐了口水。

我停下手邊的事情，問他：「為什麼這麼做？」他沒回應。

「你在生氣什麼？」他也不言聲。

「你吐了口水，對嗎？」還是沒開口。

從問答題問到是非題，不管我怎麼問，他就是不看我也不回話。

急匆匆的時間之流啊！

我打了一下老三的屁股，要他回答。他還是不說，把頭轉向別的地方。

直白地告訴他，這樣不對，說出口的話卻像在空中飄過了。

一陣著急、氣惱的感覺跑上來，而我的心，這時就像「多工處理機」——分了一點注意力來看自己的焦急和氣惱；再花一點注意力分析，自己一定要他回答的想法好像不太合理。同時，一邊擔心這孩子掉到防衛機制裡當縮頭烏龜，一邊又揣摩他心裡在想什麼。還想著：接下來該怎麼辦？一定要處理嗎？還是直接上班去？當然，為了穩住自己，也分一點注意力在調整自己的呼吸。

＊裝作不理人，其實是因為太害怕

定睛看著老三，我想到諮商室裡一個個低頭看鞋子，或是閉著眼睛假裝在睡覺的孩子——即使他們就在我面前，都仍努力閃躲我的視線。在大量的沉默和漠視充塞於諮商室時，我又是如何保持不慍不惱的？

假如他們可以自己面對，就不需要逃跑了吧！

在他們心裡深深的地方，有說不清楚的害怕，只是因為困在說不清與不被理解之中，才會逃走或是煩躁，偶爾還會硬撐出一種「我知道你想幹麼」的驕傲。

而老三這年紀，還沒鍛鍊出太多花俏的自我防護，遇到麻煩時的反應也離本能較近，會像把頭埋進土裡的鴕鳥，認為「看不見就好」。

＊以愛，讓孩子卸下心防

短短幾分鐘的僵持，老三始終坐在那裡不看我。

「這只是一隻鴕鳥。」我的腦海裡閃過這麼一句，不禁感到有點不忍。我嘆了口氣，決定

給彼此留些空間，叫他去刷牙、漱口，等等再說。

漱口完，喝了牛奶——這次他倒是不再拖拖拉拉，喝得很快，所以得到一張貼紙。這算是媽媽的心機吧！不拿槍對著他，而是給他鮮嫩的青草，「鴕鳥」又何需再躲。這個娃兒立刻直直地站在我面前。

給完貼紙，也抱抱他，然後捧著他的臉（其實是怕他又不看我），說：「你是個好孩子，可是，你知道吐口水會讓別人難過、不舒服嗎？」

這次他眼眶紅了，癟著嘴，點頭回答：「知道。」

我再給他一個抱抱，說：「我們做對的事，不要做不對的事，好嗎？」

他哇哇地哭著說：「因為哥哥都……所以我才……」

我幫他擦掉眼淚，說：「好，我們不吐口水，就說不跟他玩就好。」（其實這樣好弱，但也沒想到其他表達生氣的做法。）

這次的事件，終於落幕。

＊深呼吸，給彼此留點覺察的空間

我想，當時最激起我氣惱的不是孩子吐口水的行為，或是模仿同學如何如何。最讓我明顯感到胸口一陣窒息的是，他不回應我、不看我、忽視我。

他怎麼可以不管我說了什麼，他都面無表情，一點反應都沒有？

按照過去無從覺察的習性，我大概會僵在那裡，直到孩子面對我，或對我生氣；或是氣惱地處罰他，直到晚上再回來修復。

這次，我努力提醒自己給彼此留點空間。由於憋住了慣性的處理模式，我才能看見自己的氣惱是來自「被忽視」的感覺，也更能體會孩子別開臉的本質，不是為了特意要傷害我，而只是想保護自己。

能這麼想之後，這個「憋住」也算有其價值了。或許下次孩子再度忽視、逃跑，我可以快些撂開手，看見關係中本質的焦慮。

當然，最理想的情況是能在當下的經驗中，安頓彼此，但如果孩子還是無法被安撫，繼續不看我、忽視我，或是在我急著上班的情況下未能善了，怎麼辦？

也罷。只要我能在心中理解那屬於孩子的害怕與防衛，相信彼此可以撐到晚上再進行修復，即便失去修復的時效又何妨？親子間若帶著這樣的心態，何愁沒有可以這樣「相互鍛鍊」的下一次？

媽媽，歇一歇

就愛你本來的樣子吧，
穩定地愛你，而且充滿好奇，如同你初生之時。
我提醒自己，這麼對你……也善待我自己。

又被頂嘴惹毛了！

在我們家，有一條禮教規範的線我始終無法跨越，也無法在孩子頂嘴爭辯時視而不見。我知道老師未必是孔子再世，阿公、阿嬤說的也不一定就全對，然而，他們就跟媽媽一樣，或許身教不夠完美，但都渴望盡一己之力培育後代，而那些付出都是扎實的存在。

＊之一：「不干你的事！」

晚餐時，孩子們笑談學校的事，阿公好奇地問了一句，老二竟回嘴：「不干你的事！」

「不可以這樣對阿公講話。」我制止老二，他安靜，沒說什麼。

沒多久，阿嬤要孩子們喝湯，隨口說了句：「不喝，我就不再煮湯了喔！」

老二又回：「好啊！不稀罕，不要煮就不要煮。」

我氣得放下碗筷，轉過老二的椅子，讓他看著我。

「你知道你在頂嘴嗎？你知道你正在傷阿公、阿嬤的心嗎？」

老人家疼孫子，想打圓場，直說：「吃飯就好，沒關係。」

我只能先回應：「他這樣不對。你們對他這麼好，他不可以這樣。」

吃完飯上樓，老二繼續說：「老師也這樣對同學講，同學之間也會這樣講，為什麼我不可以對阿公說？」

這個「高級頂嘴模式」顯示出他很有資格參加辯論社，也告訴我心臟要練得更強大些。

「你問得好。你們三個也一起聽著。別人怎麼說、怎麼做，你們就可以照做嗎？自己不能想想，那樣說會不會傷害到別人、讓別人難過？」

「我知道啊，我不對，可是老師也是這樣……」老二繼續爭辯。

「就算是老師說過的話，他有對著長輩這樣講嗎？他說『不干你的事』的時候，你知不知道他為什麼這樣講？」

「他不是對我說，是對同學說，叫他不要講話。」老二說。

「你可能覺得不公平，為什麼可以跟同學或朋友那樣說，不能這樣跟長輩說。但你們要記得，不對長輩頂嘴，是你們能做到的尊敬他們的方式，是感謝阿公、阿嬤照顧我們長大的一種方式，就像說『請、謝謝、對不起』一樣，就是這些規則讓我們能和別人好好相處，知道嗎？」

「好啦！我知道了，我剛剛只是不想喝湯……」

就算孩子們還不能理解這些道理也沒關係，先一次次嵌進他們的腦袋瓜裡吧！

也許談禮教是沉重的，但我想，自己試圖扭轉而不輕易放過，是出於對孩子的呼喚，除了教孩子獨立思考之外，也希望他們能體會老師、長輩對自己生命的付出，並懂得表示尊重和感謝。

為了這份呼喚，我寧可展現媽媽的老派。

是非判斷是一種能力，這種能力可以透過學習與辨證，逐漸累積清明的視角。但真正成熟的界線，或許只能靠孩子在「禮貌與衝撞」的經驗中，學會尊重和感謝吧？

也必須感謝老二的時常衝撞，讓媽媽釐清教養價值觀啊！

幾天後，晚餐時，老二問：「為什麼今天沒有湯？」

阿嬤說：「你們不是不要喝？」

老二嘀咕：「我又不是真的這麼想。」

重聽的阿嬤聽不清楚，問他：「啊？什麼？啊？」

老二這次老實了。「沒有，我沒有不要喝。」

阿嬤摸摸他的頭，說：「想喝，阿嬤明天再煮給你喝。」

真是老人家的智慧啊！

老二的硬頸頂嘴，在阿嬤加碼的「自然後果」承擔體驗下，使得孩子和學習標的之間不只有知識的獲得，而是經驗的重組了。這效果就像我們總在開車上路以後，才確定自己會開車，接著就會內化成想忘也忘不掉的能力。

＊之二：「不行嗎？」

又被老二惹毛了。一整晚，不論爸爸、媽媽或阿公、阿嬤，總被他話尾一句「不行嗎？」搞得又心煩又惱火。

「我想先畫畫，不行嗎？」

「我等一下再吃飯，不行嗎？」

「書包放這裡，不行嗎？」

「現在玩玩具，不行嗎？」

他斜眼對我講這三個字，就像按下挑釁的按鈕。集滿五次，我的怒氣也集滿一缸了！

「你這是什麼態度？為什麼要一直說『不行嗎』？想問問題就好好問，惹媽媽生氣你很高興嗎？看著人好好講話不行嗎？為什麼教那麼多遍，你還是這種態度……」我連珠砲似的吼了老二，心裡飄過的是：等等大概又要追悔自己失控的EQ了吧……

老二嚇到了，抬頭看我，說：「沒有……只是習慣這樣說而已……」

習慣?!

我前一秒還怒氣沖沖，下一秒火氣卻消失無蹤，一下子不知該怎麼反應，腦袋就會轟然一片空白。也罷。我總忘記這孩子不知道自己在說什麼、做什麼，麻煩的是，我卻仍自以為是地「聽」。

「兒子啊，你想表達想法是好事，但常常這樣對別人說話不是好習慣，我會以為你在生氣或想找我吵架。如果你是要問我意見，可以加一句：『這樣好嗎？』」

老二先跟著我練習說了一會。沒多久，不忘補上一句：「可是妳剛剛也說：『看著人好好講話不行嗎？』」

也是啦……只是……唉！若把孩子當成魔鬼，我會覺得備受折磨；若當他是面照妖鏡，或許就能感謝他前來擺渡我的行為和心性。

那風生水起的怒氣啊，我看見了，但也消融了，還得收下當怒氣灰飛煙滅後，餘燼裡的淡淡無奈。

不爭了，我本是一介凡人啊。凡心，煩心……這一回合，我苦笑，但也笑納了。

●●●●

跟老二生氣，就像跟他爸生氣一樣，總有拎著自己的頭去撞牆的感覺。做爸爸的看著我們母子爭戰，笑說老二的回答有點像他——對他們而言，心口之間，可以斷得俐落，毫無瓜葛。

不過，過去他還會辯稱自己真的沒那個意思，只是嘴巴賤，習慣那樣講話而已。現在，問起時不時也會接到老二無心之「箭」的他，「感覺如何？」

「哪有什麼感覺？氣都氣死了！」這下爸爸可笑不出來了。

*之三：「那我就不要回家！」

一早，衝撞再起。

老大和老二無視我的阻止，在家裡踢球，把牛奶給撞翻了。我除了要他倆收拾乾淨外，也處罰他們今天不能玩玩具。

古意的老大問：「那在學校可以玩嗎？」

我只回：「在學校就聽老師的，在家才不能玩。」

硬頸老二嘟著嘴碎唸：「那我就留在學校，不要回家。」

唉！孩子啊，你這是何苦？

「你真的會因為不能玩玩具，就不要回家嗎？」我語氣緩和地問，同時心想：磨到沒脾氣就是這麼一回事吧！

「不會。」他搖頭。

「那你為什麼要這麼說？」

「不知道……」

「老二啊，有些話，媽媽知道你沒有這樣想，可是別人不會像媽媽一樣知道呀！」

聽我這麼說，老二哭了。

老大擋在弟弟前面，展現護航姿態，說：「媽媽，妳不要再講了！」

我欣賞老大的大哥個性，但仍越過他的頭頂，看向老二，問他：「你剛剛到底怎麼了？」

「我只是不開心……」

「很好，那就說『我不開心』。你說說看。」我教他。

「我不開心。」老二展現硬頸性格，正眼看著我，把整句話說了一遍。我眼底浮上了笑

意。真是好樣兒的老二！

旁邊的老三也來攪和，「我就會用哭的。」

「你不會覺得你太愛哭了嗎？」妹妹問。

老三扠腰，說：「哼，有什麼關係！」

妹妹回：「你哭什麼？別人不像媽媽會知道啊！」

這個小妹妹，真是無法想像地強大啊！

叛逆，原來是你的獨立宣言

「叛逆」的表現不斷進階：從沉默到頂嘴，從白眼轉身到當面甩門……以這樣的發展速度，真不知道接下來還會變得如何？

而在與叛逆相對的另一端，「控制」的表現也是如此：從要求到碎唸，從威脅、強迫到限制、處罰……這樣釘孤支式的循環，我也不清楚接下來自己又該如何跳脫？

碰上老二這個和我一樣固執的孩子，我們總能把「控制」和「叛逆」的戲碼不斷加碼到極致，接著再按下讓彼此爆炸的按鈕。

這天，下班回家，我要他們只能寫功課，不許他們把環境弄亂。態度明顯地不耐煩，叫他

們做什麼事的開場白都是：「我說不可以。快點，快點！」

我對老二下指令：「換你去洗澡。」他充耳不聞，繼續玩機器人。

我走到他面前，說：「現在，去洗澡。」

「不要！我不要洗他們剩下的水。」老二回。

「那你就把水倒掉，再放一桶啊！去——洗——澡——」我的指令絲毫不容孩子挑戰和拒絕。

「吼！不要。為什麼都要叫我？妳叫他們把水倒掉啊！叫他們放水啊！」

我拉高了聲音分貝：「這有什麼好吵？莫名其妙！現在輪到你洗，就要叫你！去、洗、澡！你不洗，就去那裡罰站！」

他去罰站了，但只站了一下就佯裝沒事似的要離開。

「你還在罰站。還是你現在要去洗澡？」我問。

他聽而不聞，轉身想走但被我拉住了，他竟翻了一個大白眼後轉過頭，嘴裡嘟囔著：「我又沒怎樣，妳不要理我就好啦！」

我又拉住他，將他轉過身，問：「你真的希望我不理你嗎？」

這孩子還真是硬頸，看著我點了點頭，轉身離開。

＊頂嘴、甩門……你怎麼可以這樣對我？

他從拒絕到頂嘴，我從要求到指責，然後他對我的指責翻白眼，我再對他的白眼暴怒加上處罰，他對我的處罰不滿再當面甩門，我……我……我……站在門口，手捏毛巾，頭嗡嗡作響地痛，努力阻止自己失控，停下加碼追上前的衝動。

「天啊！」我用力挪動自己，離開門口坐到沙發上，閉上眼睛，大口呼吸，心想：「他怎麼可以這麼做？怎麼可以這樣對我？」

卻馬上又對自己的提問覺得荒謬。他是個小孩，我還能期待什麼？該問的問題是：我怎麼總是在同一處跌倒？

不甘心、不平衡的感覺，繼續蔓延。

「不管不管！他憑什麼這樣對我？」

我自問自答：「當然憑他是我的孩子，只有我最在乎他洗不洗澡、好不好、快不快樂啊！」

氣惱之餘，安靜了下來，心裡就剩一句：「憑他是我的孩子，憑他是我的孩子……」這句話在腦海中繞了一陣子，突然有些停頓，接著油然而生的是羞愧的感受。

我猛然驚覺，自己的控制所仗著的也在於——他是「我的」孩子。

*我竟成了不允許孩子有想法的媽媽

我想起詩人紀伯倫在《先知》〈論孩子〉的篇章裡提到：「你的孩子不是你的，他們是生命自身渴慕而誕生的兒女，他們透過你們來到世界上，但不是因你們而來，他們在你身邊，卻不屬於你。」

如果說叛逆的表徵是自主分離，控制的型態則恰好是緊緊抓住。這一回，「何時洗澡」成了個體自主的戰場。而我們在這場戰爭中，到底想爭些什麼？

歹戲總是因為無覺察而拖棚。可不可以，換一場直接好懂、不要這麼多內心戲的劇碼？孩子的表達比較直接，有什麼想法，就表達到哪裡；說不要，就是全心全力地抵制。身為大人，我是否也只是以愛之名，迂迴地控制與彰顯權力？

從孩子自媽媽的身體分娩出來，剪斷臍帶的那一刻起，我們就經歷了第一次分離。娃兒的第一年，我們相互融合，成為彼此眼裡的獨一無二；第二、第三年，慢慢地一次次探索，一次次衝撞，經歷數不清的分離後，才開始接受他是能獨立思考的另一個完整生命。無論病苦喜悲，可以牽手搭肩，可以提醒碎唸，可以同甘共苦……但就是無可取代。

這一回，因為我心裡想標示主權而生的控制，引發了真實生活中，孩子為爭取主權而來的革命。若想止住這個你添一桶油、我加一罐醋的循環，或許，我該早點停下來。

他們是「我的」孩子嗎？

是，也不是。

我想，叛逆與控制的關係，充其量只是相互堆疊與引發的過程吧！

我控制的脈絡是一種對於生活宰制的宣誓，想畫地為王：你們這幾個小孩都在我的領土範圍內，就該聽我的，該臣服於我。

但是，不這麼控制會怎樣嗎？孩子也要練習畫自己的領土，即使畫得歪七扭八，我可否容許他們自己拿筆來畫？

＊把人生的畫筆交還給你

老二洗好澡出來，貌似剛才無事發生，媽媽我也冷靜許多，離開鬥雞模式，回到碎唸狀態，一迭連聲要他快去穿衣服。

跳脫了控制與叛逆的迴圈，洗澡就只是洗澡而已。

我嘆口氣，問他：「明天洗澡如果還是這個問題，該怎麼辦？」

他一派輕鬆地笑著回答：「那我第一個洗就好啦！」

脫軌

衣櫃的鏡子脫軌了，我問：「誰弄的？」

老大：「不是我，我怎麼可能會這樣？」聳肩外加別過頭。

老三：「我沒有，媽媽，你說我最乖，怎麼會是我？」睜著無辜的大眼。

妹妹：「不是我，我答應媽媽不會玩那個的，一定是二哥哥，他最喜歡照鏡子了。」是說……他什麼時候有這個喜好？

老三：「對，一定是這樣，他用腳踢這邊，就弄壞了。」竟然演出來。

剛洗完澡走出來的老二說：「胡說八道，我在洗澡欸！」沒錯，這成語是這樣用。

我再問：「你們推來推去，到底是誰弄壞的？」

妹妹靈機一動，「是狗狗，牠踢到了。」

老三接話：「對啦！你忘了，是阿嬤田裡種菜的旁邊，黑色和一點點白色的狗狗。」

老大繼續加碼，「對，牠從窗戶跳進來。」

Oh, my God……連正經的老二都一本正經地點頭，「對，我看過那隻狗。」

最好是啦！我們家在四樓欸！

數一二三有沒有用？

睡前，妹妹不收玩具，跟我僵持不下。旁邊的三個哥哥本來在收拾，此時停下動作，看向我們。在他們的小眼睛裡，我彷彿讀到一種態度，叫「觀望」。

「去收！」我說。

妹妹回答：「不要。」

「太晚了，該睡覺，快收。」我堅持。

她搖了搖頭。

「妳想玩可以明天再玩。再不睡，明天起不來，上學會遲到。去收一收，快，妳好乖。」

妹妹完全忽略我的話，沒聽到就是沒聽到。還真是我碎唸得愈多，她就回應得愈少。

太晚了，爸爸也不在，加上背後虎視眈眈的三雙小眼睛在看著，這就是傳說中的腹背受敵吧！我的求生本能告訴我，沒有本錢跟她耗。

「林小妹，去收！我數到三！一——二——」

她站起來，卻是拿著玩具到另一邊的角落，坐下來繼續玩。

我氣急敗壞，這未免太挑戰我了！

＊我要的只是平靜

沒本錢耗，就先掙點錢吧！

背後三雙小眼睛宛如芒刺在背，得先搞定他們，我才有餘裕處理妹妹。

「你們，收好玩具以後去睡覺。先不要管妹妹，去睡。媽媽等一下再處理她。」

三個哥哥躺到床上後，仍騷動不已。妹妹則依然故我。

押著老三裝睡的我，心裡是惱怒還是焦慮已經分不清了，只能長長嘆口氣。

「唉！這樣下去，今晚何時才能平靜？」

對，平靜，我要的是「平靜」。玩具收不收？孩子是不是在挑釁？原則會不會失守？叛逆是否會蔓延……也許想得太多，反而會變得糾纏不清。我要的其實只是他們乖乖去睡覺，一種

「你身體好，我心情好，大家都好」的平靜。

目標清楚了，就會有對策。

＊妳可以離開一下下，不氣了再回來

我站了起來，走到妹妹身邊，說：「媽媽生氣了，玩具放下，妳不收就放著。現在，妳是要去睡覺，還是要罰站？」

妹妹妥協了，進到房裡，邊走邊哭著說：「人家還想玩嘛……」

過了一會兒，她拿著小被被走到房門外，躺在髒髒的地墊上。

吼！有這麼委屈嗎?!這齣苦兒流浪記該如何收拾？難道又是另一場僵局？

我只好再縱容一次心裡的孩子，刻意大聲地跟老三說：「怎麼辦？妹妹氣媽媽，不要跟我睡了。媽媽要哭了……」

妹妹聽到了，拿起小被被走回房間，「我只是氣媽媽，離開一下而已，又沒有不要媽媽。」

孩子，好樣的！比媽媽厲害多了，可以覺察自己的情緒，還能說清楚自己是在處理心裡的生氣，不是要攻擊別人。

這種學著處理情緒的機會可遇不可求，我趕緊說：「喔！好，媽媽放心了。去吧！妳可以離開一下下，不氣了再回來。」

她意思意思地到床腳滾個兩三圈，就笑咪咪地躺回床上，牽媽媽的手睡覺了。

＊為何「一二三」失效了？

話說回來，我可能真的太常數「一——二——三——」了。晚上不睡覺的妹妹，果然早上賴床。我心裡雖然希望自己別為了這件事生氣，改變一下對她的方式，但不管是柔性勸導還是理性溝通，抑或嚴正聲明，都還是叫不起來，只好用回老方法，數了一二三。

每次只要數字「三」一喊出，就必有處罰。但是這回，這妹妹是賴成精了嗎？之前還會在意處罰，害怕媽媽生氣，今天怎麼也失去效果了。

望著這孩子，沒轍，我真的沒轍。哥哥們會在意扣貼紙之類的處罰，我可以和他們溝通早起的事。但是為什麼這招對妹妹就是不管用？不只在起床這件事拖延，她吃飯也是最慢的一個：食物會被她用手剝成一小片或一小段才入口；牛奶也喝很久，喝了一口含在嘴裡，就是不

吞下去。就連上廁所，不問她好了沒，她也可以坐在馬桶上發呆……

我曾想過，也許她是個能享受當下的孩子，只是媽媽我急驚風當慣了，才不能忍受這個超級慢郎中。不管如何修行，都趕不上生活緊湊的需求和步調。遇到她，我還真是愈來愈懊惱了。

也許真的要因材施教吧！這孩子不在意處罰，是因為她沒什麼需求。不像大哥、二哥，超愛機器人；也不像三哥，喜歡得到媽媽的稱讚。櫃子上面那一大盒芭比娃娃，一直在等著妹妹集貼紙交換，但那對她似乎沒有什麼吸引力，玩哥哥們的玩具也玩得挺自在的。

在過去，她想要的禮物是我們帶她出去玩，但沒多久她就發現不用集貼紙。她會在哥哥耳邊偷偷說：「媽媽還是會帶我們出去，只是我們不能選要去哪裡，那沒關係，還是可以玩。」

那麼，稱讚呢？她是個有自信的女孩，曾在睡前告訴我：「我很乖啊！比哥哥還乖，不玩打架遊戲，同學也喜歡我，每次都叫我陪她去上廁所。」

如此的自我肯定，提醒了當媽媽的我：怎麼就不能多看一下她的優點？

＊看見孩子善良、美好的本質

在妹妹的世界裡，她是快樂又幸福的吧！在學校，因為在意團體生活、希望老師喜歡，所以她不會在中午吃飯時拖拖拉拉。至於在家裡，因為實在太有安全感了，一點都不擔心爸媽發怒（這是老么和女兒的特性嗎？）。

當我問她：「妳喜歡媽媽生氣嗎？」

她笑著說：「不喜歡，可是媽媽就算生氣還是很愛我……」

換句話說，她不曾體會過拖延的壞處，甚至可能還多些好處（比如媽媽會陪她、爸爸會餵她）。簡言之，我們因著大人的時間方便性，寵出了一個帶著拖延習慣，但心理健康的孩子。

心理健康是好事，至於拖延——就像沾在她身上黏答答的口香糖，難清，就慢慢清吧！

看見這孩子本質上的善良美好，再看她的壞習慣，心裡受困的感覺就減輕了許多。雖然一樣喊著沒轍，但我不再皺眉懊惱了。總會想到辦法的。

至於「一—二—三—」，就不再對她數了。數了也沒用。除了會連帶損及對哥哥們的有效性，也許還餵養了她的拖延。

畢竟，連隔壁鄰居都笑說早上常常會拖著賴著，要聽到我數一二三才起床（到底是我太大聲，還是隔音太差了？），讓我覺得又好笑又丟臉，但也真切地提醒了我：會不會妹妹也是在等著我數一二三呢？

以後，我還是省著點用吧！

功課沒做完，要幫你簽名嗎？

返校日前一天，老二整理書包，大叫著：「啊！啊——」

「怎麼了？」我問。

他說：「我忘了這張要做了。」

還沒看清楚那張大表格，老大就湊過來問：「這是什麼？」接著一臉茫然，開始翻書包、找抽屜，說：「我的不見了。」

我無奈地說：「好吧！一個沒寫，另一個甚至沒得寫……現在怎麼辦？」

看著那一大張名為「自主管理」的實踐卡，你們懂媽媽心裡的感覺有多複雜嗎？

老二說：「我現在勾，可以嗎？」

呃……勾兩個月？我想想……

「不行！」老大說。

喲！因為你想誠實面對嗎？

老二問他：「為什麼不行？」

「因為你得先借我影印。」

唉！這一瞬間，我的感覺更複雜了。

＊如果不簽名，還可以怎麼辦？

回想自己小時候，也做過這種事：卯起來編日記，憑幻想寫遊記，揮毫十幾、二十篇的書法到手快抽筋……這種偷吃步的做法，雖然讓我在這一年安然開學，卻沒讓我在下一年避免再混一次。就這樣年復一年，我雖然有小聰明，有應變能力，卻也餵養了投機取巧的心，強化了拖延的習性。

現在呢？對於這件「有點複雜的小事」，該如何回應？我猶豫了。

我的習性容易讓我只注意「結果」，幾乎已起身準備要去影印，讓孩子們完成了，但這複雜的心情反而提醒我停下來。

我站在門口，問自己：如果不這樣，還可以怎麼樣？

我把兩個孩子召到身邊，老實告訴他們：「你們想辦法補救，想把它趕完，這樣也很好。只是，那些都是兩個月以前的事了，你們不記得卻胡亂勾完，媽媽還簽名，這樣……好像在騙人。你們會不會有這種感覺？媽媽現在不知道應該怎麼辦。」

老二點點頭，很淡定地說：「我想勾一勾，不過……好啦，那就放書包吧！再問老師看看怎麼辦。」他突然想到什麼，「啊，我知道了！改明年七月寫兩份！」

呃……這也算是負責任啦，但是時間拖得更長了（老二未來的老闆啊，我對不起你們，我盡力了）。

至於那個天兵散仙理由伯呢？

「媽媽，我沒有更好的辦法啦！明天去學校再說。」

這孩子……當農夫好了，大概只剩天公伯才能當你的老闆了。

＊媽媽的誠實大考驗

面對孩子，有時候，我們還要想清楚便宜行事的代價是什麼。

自主管理卡的作業在老師「坦白從寬」的處理下，孩子們用幾句話寫了整體的自主管理心得就算解決了。沒想到開學後，又來了一項誠實大考驗。

某晚，看孩子們的聯絡簿，說要交「蔬果存摺」（為了鼓勵小學生多吃蔬果，要孩子們完成一系列關於蔬果的任務），而他們還剩下七、八件任務要完成。

這陣子，只見兩個孩子相互提醒，該吃的也吃了，為了完成任務，還吞了一碗苦瓜。孩子們自己能完成的任務容易達成，但若要搭上他們的老母……唉！為娘惶恐，是為娘的拖累你們了（抱頭痛哭）！

其中有兩項任務是這樣的：

任務七，和家人本週一起去買蔬果。

任務十九，和家人一起做一道蔬果餐點。

我是好命夫人，都吃婆婆煮的，平日不上菜市場，也不做菜。這兩個任務一直躺在存摺裡，硬是被我下意識地忽略了。這、這、這……現在幾點了？好像太晚了。我明晚也不行。怎麼辦?!

「你們明天就要交了，還是媽媽先簽名，你們把日期空下來，跟老師說我們之後會補做，可以嗎？」

老二一向守規矩，「不可以，那樣我不敢交。」

老大則張著晶亮的雙眼，好像很驚喜地問我：「媽媽，我們沒做，妳要幫我簽名嗎？」

被他這一問，我提起的筆又輕輕放下了，「呃……好像也不太好喔？」

＊和想要賴的自己討價還價

關於誠實，是我的思慮欠周了。

說實話，我這個媽媽，心裡也是另一個小孩，而且骨子裡也有懶散的一面（為娘的放在老大身上的基因功不可沒），遇到學校的要求，心裡常常有點不甘不願。有時會嘀咕學校怎麼常出些作業給老母做，一下要孩子背課文、講成語故事給我聽，一下要求跟孩子讀英文故事，還有種綠豆並拍照上傳、親子共讀，現在更要抓著自己上超市和做菜……

雖然清楚知道這些事情都有「親」子連結的重要意義，而我也是透過這些活動才能參與孩子的學習，但是某些時刻，我的心沒跟上。在心裡駐站的不是一個母「親」，而是另一個嘟著嘴、也想休息的孩子，累了、煩了，就圖謀著如何混過去。

＊在孩子眼中，我看到什麼樣的自己？

唉！當孩子看著你的時候，你在他眼中看到什麼樣的自己？

這一分鐘，在老大晶亮的眼神中停一停，搞清楚在他的眼裡，我可不是個小孩，而是他那又愛、又怕、又尊敬的老母。這個老母，可以做錯事，可以不完美，但如果我要他誠實正直，即便跑回去當個孩子，也要發揮一部分的老母魂，分一點心誠實正直地看看自己，覺知自己正在耍賴。

我對他們說：「好啦！是媽媽太忙、太累了。你們做得很好，就先空著吧，不要簽名。明天跟老師講，我會帶你們去超市和做水果沙拉。好好地跟老師說，可以做到嗎？他會生氣嗎？」「可以啊！老師不會生氣啦！」他們倒是很坦然，不怕老師。心虛的是我心裡的孩子，總是膽小、怯懦又不情不願。

我也想要當個心口如一、言行一致的媽媽，只是有時候稍不注意，心就會跑走，變成賴皮小孩，後面就只得花費更大的力氣盯著自己，讓自己口中所說的和實際做出來的，不偏離「媽媽航道」太遠。

如果盯不了自己，就回過頭去看看孩子的雙眼吧，那晶亮澄澈的照見啊！我想看見什麼樣的自己？

哪個只是想要？哪個又是需要？

全家人到家具賣場吃早餐，老二看著布偶馬吵著想買，嚷嚷了一會兒。我不斷對他重複說明，那不是必需品，家裡的玩具如何如何……

但這些解釋，進不去正在渴望狀態中的孩子耳裡，我只能給他一句：「你心裡知道那是不行的。」

老二依然糾纏，也回我一句：「我不知道！為什麼不行？為什麼不行？我不知道啊……」

接著上演的是哭鬧、拒絕與對峙。

＊什麼時候直接給？什麼時候等一等？

「媽媽，我肚子餓，想吃蛋糕。」

「我口渴，想買果汁。」

「禮拜六可不可以去兒童新樂園？」

「媽媽，我想跟妳下象棋。」

「媽媽，我想最後一個洗澡啦！」

「同學他們都有遊戲王卡，我也想要。」……

每天從學校接回孩子到晚上睡覺前，都在有意識或無意識下回答孩子們的這些問題。回應他們的「需要」而非「想要」是個準則。有些需要是直接的生理滿足，較易辨識。難的是，有些生理的需要其實還偷渡了「想要」；而有些想要的背後，則隱藏了心理連結的「需要」……（好長的繞口令啊！）

如果回應得了內在的需要，其實不用滿足他們外在的想要，也可以「pass」（但那就挺考驗我的腦袋了）。

那麼，OK與不OK的標準在哪裡？直接給予和延宕滿足的選擇標準為何？

＊成為孩子與渴望之間，那道重要的界線

不是有種快問快答的益智節目嗎？如果把爸媽跟孩子們的對話快轉來看，其實每天都是一場場的大腦體操。孩子們會在父母的回應中，修練自己的物欲、價值觀與人際界線，父母只要盡量帶著覺知練下去就是了。

而當快問快答或是說理無效，親子之間進入重複解釋與「又盧又歡」的循環時，眼前就不是物品價值、金錢觀或是比大小的問題了。孩子的哭鬧是他心裡騷動奔騰的渴望，我的拒絕，則是這個世界最僵直綿延的一堵牆。

這次在賣場中的對峙，也是成長必然經歷的吧！

看著在賣場晃來晃去的這四個孩子，雖然衣服、書籍、玩具大多來自各界供應，但也堪稱不虞匱乏，恩典滿載。

不能沒有這道「牆」，我想。區辨一下需要與想要，父母就是引領孩子面對世界的最佳練習對象。

適時站穩，成為這道牆吧！「得不到」的匱乏的確會焦慮，但是，生命的本能會引領好奇與創造力來處理這份焦慮，我深深如此相信著。

＊堅定的牆，也有柔軟角落

這一刻，真希望賣場除了哺乳室之外，也能設置一間間有著溫馨布置的孩童哭鬧室，由著孩子騷動奔騰。等他逐漸歇息，然後發現這堵牆還在，只是不盡然僵直綿延，甚至有塊柔軟的地方可以供他依靠。

沒有哭鬧室，至少有個角落。我們離開對峙，倚牆望向賣場。

我對老二說：「媽媽也覺得那張桌子很漂亮，可是我們家有桌子可以用了。我還想買那個鍋子，可是我其實煮不到幾次……」

吵鬧無效後，老二轉頭面壁，嘟著嘴臭臉，說：「我只是想要它陪我睡覺嘛……」

我的確不能用他編排的方式來愛他，但他所說的，也的確是一種重要的親密感需求。

「來，抱啦！媽媽知道，真的知道，你想要人陪。來嘛！我們抱久一點。」我抱了抱他。

這回換他笑著想掙脫我的熊掌。掙脫了之後，就自己找台階下，說：「我也知道不能買，只是說說而已。」

這就一定要加碼公開表揚了！

「嘿，你們看！老二好乖，他知道要體諒爸媽賺錢辛苦，不是一定需要的東西，就不會吵著要買。」

*有了創意，就能創造幸福

什麼是需要，什麼是想要？什麼是足夠需要，什麼是足夠想要？

面對這群小小兵，如果行為引導有屬於我的SOP，大概就是：

清楚守住界線↓容許孩子表達情緒↓聽懂孩子的吵鬧背後，是想被肯定，還是連結的需求↓必須給而且給得起，就盡量滿足↓讚賞式的見「好」就收。

老二的親密需求被滿足了，注意力就自動轉向了創造力。

「媽媽，我如果有錢，想要買的是很多很多的磚頭。」

「磚頭？為什麼？」我詫異於這天外飛來的一筆。

「自己蓋磚頭房子比較貴，還是買磚頭房子比較貴？以後我想要當建築師，自己蓋房子。」

「哇！好喔，我想要住你蓋的房子。」我說。

不是有段幸福的廣告詞是這樣的嗎？

「媽媽若能買房子是幸福，若能住你蓋的房子，那是奢華無比的幸福了。」

小孩劇場

妹妹想要的……

「媽媽，什麼時候可以養狗狗？」

吼，又來了，為了妹妹這種側頭無辜的小狗眼神，媽媽已經做了多少後悔的承諾了？我很弱，我默默不語。

「媽媽，妳有聽到嗎？什麼時候可以養狗狗？」她繼續追問。

「妳知道爸爸鼻子過敏吧？他怕任何會掉毛的生物。而且狗狗要照顧，要陪牠，妳要上學，媽媽要上班。還有狗狗會大便，妳又不……」要讓她知難而退，我早想好了一百個理由。

她嘟嘴了，但還是繼續無辜狗眼的攻勢，「知道。媽媽，我什麼時候可以養狗？」

怎麼苦苦糾纏啊？「高中吧！等妳讀高中，那時候想比較清楚了，確定可以負責照顧再決定。」媽媽被套牢，使出拖延戰術。

妹妹笑了，「好，那是什麼時候？幾年級？幾歲？」

「高二吧！大概十七歲。」沒為什麼，只因腦中閃過〈十七歲女生的溫柔〉這首歌。

妹妹滿意了，去向哥哥們宣布：「耶！媽媽說十七歲時就可以養狗。」

這樣也行？可我說到時候再說啊！怎會如此開心歡呼？

好吧！會不會孩子只是要我許可，沒太在意時間？或者，她本來就是問我「何時」，是我陷入她要立即滿足的焦慮？

還是，她根本搞不清楚十七歲要多久？

早知如此，該說七十歲的……

萬能的天神，請賜予我神奇的力量

早上才怒斥孩子們「玩」早餐，沒多久老三就跑來告狀：「妹妹打翻牛奶了，很大杯喔！」可以想像那畫面，但因為還沒走入實景，我先用還沒消失的理智來處理老三的告狀。「我聽到了，以後這種情況，妹妹應該會需要你先幫忙收拾。」我說。

一走出房間，就看到地上、桌上一大灘的牛奶，加上妹妹從廚房拿了抹布，地上又是腳印，又是沿路滴的牛奶，還有愈擦愈髒的混亂。這下可以觀察到的是，自己的理智正一點一點地消融，我的心……只剩「阿雜」了。「她不是故意的，她不是故意的，她不是故意的……」在心裡反覆唸了十遍有吧！但是這只能讓我憋住想罵出口的話，卻無法撫平占據我心的煩躁。

我先把妹妹抱去廁所洗腳，拿乾抹布給她擦地，再幫她洗抹布，最後再擦一遍。總之，用最快的速度帶著她善後。

雖然烏雲罩頂，阿雜程度破表，但一句話也沒說，只怕一開口就會忍不住飆罵。

邊洗抹布，邊看著自己如何煩躁，以及如何懊惱自己離不開這煩躁。深刻感覺到自己敵不過這樣的心情，總是一次次地受到煩躁挾持。

老是為了一地凌亂在吼小孩，孩子們邊收邊玩，我則是邊罵邊收。最多在有自覺時吼得理直氣壯點，少跳針些。

但是，當我的「控制習性」遇到孩子的「愛玩天性」，再夾雜點「時間緊迫性」當催化劑，就成了一天天的煩躁日常，我也一次次重複著無效的循環。

「媽媽，我怕妳凶。」老大曾小小聲地說。聽到這話，讓我的心情從煩躁變得複雜了。

還是孩子的情緒表達直接一些，生氣會跺腳，難過會哭泣，害怕就想躲。老大能覺察後直白地說出來，算是情緒資質很高的孩子，也總是能提醒我回望自己。

「你知道我也很怕自己凶嗎？可是我受不了你們這樣亂七八糟地不收拾，就會變成這樣……」當時，我如此懊惱地回答。

＊有時混亂，有時平靜，這是美好的真實

我不完美，帶著控制的習性，也還在捉摸如何放鬆一些。只是，我的控制比較隱晦，而且經過各種心理教養的技巧包裝，常常得靠四個孩子的天性，才能清晰地修練自己，一次次收下這個有著控制習性的自己，一次次學著接納與放鬆。

然後呢？我就能從此不控制或不跳腳嗎？不能。還是會想控制，大概也仍會跳腳，只是會比較有知覺，有選擇，有彈性。

孩子因為各種天性而與世界磨合的過程，也是如此吧！

換個角度想：提醒自己改變，或許就是挫折和失誤帶來的最大價值。

成長過程讓我們學會轉彎，轉到後來，卻反而在情緒中迷失，找不到路出來了。我不是個容易擺脫情緒的媽媽，骨子裡更是帶著強大而迂迴的執著。每天，我都在修練自己的心性，希望自己可以更加寬大、輕鬆些，放過自己，也放過周遭的人。只是，我也在一次次的跌倒、迷失時，慌亂地掙扎亂走；當再摔回去時，只能無助地看著。

不過，在記錄自己內心戲的過程中，我一步步學會寬容些看待自己，也拉住自己停下來，看清楚孩子的各種表現、發展歷程，以及這二者交織出來的成長的本質。在這些清楚的覺知中教養孩子，看見自己的心性循環，也留下空間向孩子學習。

世界上沒有一個零失誤的媽媽，打擊或放大失誤，反而會擠壓改變的空間。陪伴、看清並面對這部分的自己，先護住自己愛孩子的心脈吧！

為孩子的溫柔提醒感到幸運，但孩子也並非總是溫柔；為自己能夠包容孩子成長時的混亂感到開心，但我也不是每次都能很好地包容。

這就是真實。

＊愈單純，愈強大

妹妹拿著另一條要洗的抹布走過來，說：「等我回來再擦一遍，還會整理書櫃，好不好？」

我愣住了，點頭說：「好，妳很負責。媽媽不氣妳了，我只是每次看到亂七八糟就很煩。」

妹妹說：「亂七八糟？收就好啦！」

也是。多強大的孩子啊！

或許這也正是我的弱點：容易被心緒所困。也許孩子本來就比較容易有這樣的「直觀」，如同童話故事《國王的新衣》裡頭，那個直接說出國王沒穿衣服的小孩，只要讓他們知道因果與良善的價值，在真實面前，他們反而可以自然、直接地面對與負責。

嘗試在玩的時候開心玩，覺得亂的時候安心收，我們不耗能量在擔心未來或懊惱已經存在的混亂。像孩子一樣單純地處理自己的生活，只要練習負起自己的責任就好。

如果從這些孩子身上可以學會什麼，或許這樣的直觀與面對真實，正是面對煩躁的最終鑰匙。

媽媽，歇一歇

停下紛亂的腦袋，給自己五分鐘，閉上眼睛，
把自己交託給所坐的椅子，告訴自己：
過去的已經過去，未來的還沒到，
現在好好呼吸，好好坐著，就好。

這孩子，突然長大了？

老二從小就是傳說中的過敏體質，不只身體、鼻子容易過敏，心理也是。

有時，我們對他的完美主義和太多細碎的眉角覺得不耐煩。有時，對於他在我們察覺不到的細節上執著感到難以理解。而他面對某些不如意時的生氣與焦躁，更是令我們無法招架。

動輒得咎又不易收拾的情況下，好一段時間，我對他的敏感也很敏感，而他的執著和強烈的情緒反應，也總能勾動我的惱怒，然後我們一起旋轉，直到大爆炸。

我和他一起走過好幾年磨心的路——直到這一刻，我突然有些感動。

這孩子，似乎逐漸成熟，也有些不同了。

晚上加班，回到家已經十點多了，照例去看看孩子們。

老二拿著一張兩百元紙鈔躺在床上，看到我進房，一骨碌爬起來抱我，揮著錢說：「阿公給我兩百元，怎麼辦？」

看我還愣著，他繼續解釋：「我有拿兩張一百跟阿公換，可是阿公不要，直接給我兩百元，怎麼辦？」

不就是阿公給他錢嗎？為了這個睡不著？我是有這麼凶喔？我的心裡有點詫異。

拍拍他的背，我竭盡可能溫柔地說：「好，我知道了。你覺得呢？想怎麼辦？」

他只是安靜地抱一會兒，然後說：「嗯……這張兩百元，我可以留著嗎？」

「可以，這是阿公給你們的錢。只是，錢放你這裡，哥哥他們沒意見嗎？」

他搖頭，「他們沒說什麼……啊！我知道怎麼辦了。」接著就笑咪咪地去睡覺了。

隔天早上，老大起床後大叫：「為什麼有五十元？為什麼？又不是聖誕節！」

原來，一向是全家第一個起床的老二，為另外三個小孩安排了驚喜——人人手上都握著一個五十元硬幣。

我看向老二，他也對著我微笑。

「這是怎樣一個特別的小孩啊！」我心想。

＊暖男有顆易感的心

暖男都有易感的心吧！高敏感的老二，有好長一段日子總是糾結、易怒，占據我內心戲的版面最多。如今，他的脾氣很少暴衝，也愈來愈能分享，且懂得體諒別人了。

那段磨心的旅程，到底走過了哪些路？我問自己，有沒有辦法畫下可供參考的地圖？長長的一段路啊！總是要糾纏到夠苦，一次次怒到心痛，感覺被孩子和自己高漲的情緒炸成碎片，才在縫補的過程中追悔，而後練習自我修復。

我的內心需要倚賴書寫、靜坐，才能撐出一點空間，觀察自己的情緒本質。這樣的過程對我來說，已是如此艱難。而年幼的孩子還沒有成熟、理性的認知發展，他的內心戲又如此劇烈，在沒有相應的消化能力下，要如何走出來？又或者，我要如何讓他長出相應的消化能力，好讓他帶著自己走出來？

＊從忍耐到等待，與情緒同行

從嬰兒到幼兒，有母奶、副食品到一般食物的餵養順序，是因為我們知道孩子的消化系統

還在成長。如今，要陪伴孩子長出情緒的消化機制，又該如何提供餵養？

「忍耐→擁抱→引導→賞識→等待」，回顧自己在這孩子身上所做的，大概就是這樣的歷程，來來回回磨刻著彼此處理情緒的路徑。

一、忍耐

媽媽都這樣吧？主要價值明確之後，就像在頭上綁了條決心布條，再難熬也只是把布條綁得更緊。雖然忍字心上一把刀，心疼，頭也疼……

二、擁抱

身體是安撫情緒的最好通道。累了、悶了、煩了，只會讓黑白是非更加說不清楚，不如就停下說理，停下思考，給彼此一個緊緊的擁抱。既是和解，也能安撫彼此的疼。

三、引導

成長的路徑之一，就是從「內心想像」走向「外界現實」。大腦功能的發展過程，則是從單純地「戰逃」走向複雜的情緒和語言思考。

在成長過程中，自我中心和外界之間必然會產生數不清的落差。而當孩子內在紊亂時，起初勢必會說不清楚，只能透過行為上的攻擊或逃跑來表現情緒（這就是所謂的「戰逃」），接著才發展到可以聽懂與辨識外界的訊息，運用口語來表達感受需求，並進一步和他人討論、協商——這樣的路徑就是內心戲的消化關鍵。

沒有別的發展技巧，只要手把手，一次次在和解時，帶他練習把心裡的劇場說出來，將會成為孩子獨一無二的人生攻略。

四、賞識

孩子面對困難時，我們會一步步地放手，讓他自己試著處理。情緒也是。引導他幾次後，若再次遇到僵局，有時只要提醒他：「我們總是會遇到不開心的時候，你可以不開心，但要想想怎麼幫自己走過去，怎麼讓自己可以開心起來。我相信你可以的，我等你。」安心地看著他，等他。

也許，他會用他的什麼特別儀式，也可能花比較長的時間，沒關係，見好就帶著他收。收進他的心裡，標出他的成功，也賞出他獨特的努力。

五、等待

留點空間，讓孩子實驗和經歷失敗吧！

當孩子在我們的引導下練出了基本能力，也是放手的時候了，後續就讓他自己發展，惦惦等他吃三碗公。重點是「惦惦」，因為他有很多內心戲要收拾。

在孩子有能力時，我的任何回應與操作都會變成不信任，如此一來，又會增加另一場更難消化的戲。人生終究是他的旅程，我們都希望他能不用扶、不用推，不在我的視線底下，也能走得又穩又好。

在這五個過程中的每一段，都可以寫一本玉女……不，是「玉母心經」。

當然，真實版本裡還是有間歇性地吼罵，一次次數不清的自我提醒與修復。我們貌似彼此執拗較勁，但至終會發現，與其費力跟孩子面對面比氣長，不如站在他身邊，一起練習吐納運氣。

即使心不甘，情不願，總得回到父母獨有的智慧，牽著孩子的手，走過風暴與重建。

＊無論如何，孩子是我生的……

我笑問老二：「你不一樣了耶！現在好會抱抱，對別人也好好。那你以前為什麼總愛跟媽媽吵架？」

老二嘟嘴，說：「不知道啊！是媽媽把我生成這樣的，媽媽要負責。」

呃……推卸責任對這孩子來說也沒那麼糟，看來，我忘了他不只倚賴我的引導，環境中還有其他的「貴人」。眼前這段話，就是跟「理由伯」老大學的吧！

但他說得也沒錯，不只一次，當我氣急敗壞時，想著「各人造業各人擔」這句話，也只能摸摸鼻子說：「我生的，我生的，我生的……」

然後呢？再難，也就認了！

你讓我又氣又哭又好笑

隨著小孩長大，父母其實已經不需要一直和孩子的情緒同步，孩子也逐漸能夠接受安撫及說理。只是，生活中還是會出現無法安撫、也無法說理的挫敗，這時，才讓我停下來整理自己，想一想：我是不是不知不覺地忘了這是個剛離開尿布的娃兒，而不是個講理的大人？

上幼兒園的老三漏寫了功課。要他補上，他竟怒砸作業簿，大聲說：「又沒關係！」

看著這個小光頭，我一時間有點愣住。有必要演這麼大嗎？最近他跟阿嬤看了哪齣本土劇？差點就要叫他董事長了……

「嘿！你是怎麼了？補上就好了啊！」我說。

但是這孩子不知道怎麼了，只見他接著大哭，氣呼呼地迴圈跳針：「不知道啦！妳說，要寫什麼？要寫什麼？沒寫又沒關係！又沒關係……」連比帶指，像在罵員工一樣，跺腳加上搥桌子地質問我。

我其實好氣又好笑，也還有點摸不著頭緒。我說：「你好氣耶！是怎麼了啊？」他不理會。

要他謄寫過來，他說不要；叫他不要寫，他瞪著我的眼裡看得見殺氣。想放著晾一晾，他又追來吼我；要抱他，又把我推開……

我感覺到自己的「好笑」在變少，「好氣」變多了，忍不住指著沙發一頭，怒斥：「夠了！這個也不要，那個也不要！那就去坐下，坐著！不要起來！」

我也坐在沙發的另一頭，生氣地瞪著他。有點像動物頻道的馴鷹，媽媽被激怒了，潛意識想要馴服這個野生的娃兒。

互瞪了一會兒，老三哭喊的內容變了，換了一種訴求：「媽媽妳不要生氣的臉，要笑啦！妳要露牙齒笑啦！」

這又是什麼鬼，是在耍我嗎？怎麼可以這樣鬧過之後還要我笑？

而我還真的在又生氣又錯愕中，想著：這是要怎麼笑？

＊無理取鬧，或許是一種健康的依賴

看來，對四、五歲的老三來說，為什麼生氣已經不重要了，他就是要生氣。直到生氣帶來媽媽的怒，發現是自己無法承受的結果，才掉進被罵的委屈，要媽媽改變，給他一個笑臉。

沒錯，這就是無理取鬧。如此到位的情緒，容不下說理，又何需說理？

這種把媽媽當洋娃娃操縱的狀態，來自所有小嬰兒起初的內在想像，把照顧者當作自己的延伸。當尿布濕了，肚子餓了，「哭」就是把魔杖，可以自動讓一切不舒服變得舒服。而當嬰兒開心，笑了，眼前的照顧者也會笑；哭了，眼前的照顧者也會為了安撫他而無所不用其極。這是一種「世界之王」的狀態，一切是如此美好！

四、五歲的孩子，偶爾還是會回到一、兩歲的樣子，這是個健康的依賴。我從無法察覺、想要說理和馴服，到看見這個圓圓的baby face，自然氣得不久，接受他是個大baby，潛意識也願意一起摔回去一下，一起玩「媽媽寶貝」的心理遊戲。

●●●●

「吼，我是欠你多少？」我心裡嘀咕。

在他的哭鬧中，勉強牽動嘴角。這個笑，一定很猙獰。

老三覺得不夠，繼續加碼：「媽媽要露牙齒笑啦！」只好再咧嘴，擠出一個「嘻」。

很神奇，即使只是這麼僵硬的笑，怒氣也會咻地消失，最後真的笑了出來。孩子還掛著眼淚，但也笑了。兩人笑成一團。

老大在旁邊，一臉困惑地問：「你們在笑什麼？不是在吵架嗎？」

這一刻，倒像兩個小孩了。

＊跟著小孩一起「玩情緒」

其實，大人也會無理取鬧，隨便回憶我和先生的互動，就足以讓自己蹲到牆角，手指還要轉圈圈。

孩子因為年紀小，在情緒轉換上自然較為快速。成人要讓情緒轉彎則較困難，這往往也是我們容易身陷憂鬱與焦慮，難以自拔的原因。

如果放下潛意識那個「誰是國王」的較勁，讓孩子來引導我們「玩情緒」，單純讓孩子帶著我們氣、哭、笑，讓我們內在的孩子也可以獲得自由，自然而然，那會是一場擺渡情緒的健

康遊戲。

放心，成人有一種機制叫做「現實」，我們都會很快變回媽媽的樣子。如果可以，在這個位置時留一點眼光看見自己被影響、感覺被卡住的過程，那會是進入孩子內在世界的鑰匙。

透過我的怒來演出你的怒，會讓我們明白孩子是如何被卡住的——那種不想被指責，又知道自己有錯的卡住。

只要是親近的關係，不必刻意尋找，一旦順流而下，就一定會發生「鬼打牆」的溝通障礙。但我們除了一陣瞎忙的懊惱之外，也要禁得起這種方式的提醒。特別是在親子之間，放下權力的競逐，照顧彼此心裡有話說不清的孩子，蹲下身子，甚至一起打滾，有時反而更容易調到彼此相通的頻道。

至於情緒轉彎這種事，通常是較能掌握當下的孩子比較在行。

這一回合，媽媽受教了！

每個小孩都怕鬼？

老二晚上練習吹口哨，老三在旁邊說：「我同學說晚上吹口哨，會有鬼出現喔！」

老二嚇到停下來，不停地問我：「真的嗎？會這樣嗎？」

「那只是傳說啦！可能是怕人家晚上吹口哨會吵到別人睡覺，才這樣講啦！」我不以為意，趕他們去睡覺。

平常就睡不安穩的老二，這會兒更難入眠了，瞎鬧著要同房間的老大醒著陪他，窸窸窣窣地，一下開燈說要喝水，一下要老大陪著去上廁所。連帶地，老三和妹妹也來拉我的手，不老實睡覺……

「吼！你們是怎麼了啊？」我問，有種被逼著開燈帶團體的感覺。

「很可怕啊！會有鬼。」

「爸爸也有說晚上不能吹口哨。」

「我想等爸爸回來，問一下爸爸是不是真的。」

「媽媽，你沒聽過吹口哨會有鬼嗎？」

＊孩子有了讓抽象情緒具體化的能力

先不說是否真有鬼魂，「怕黑」、「怕鬼」，在心理學上的解釋是我們的心在面對邪惡、未知與死亡的焦慮時，所運作出來的具象化投射。當有一件具體的事物形狀恐怖時，反而較能安頓我們的身心，甚至進入社會建構的價值，讓我們可以訴諸明確的靈性連結或自我保護。

眼前的孩子們，開始有能力將各種情緒幻化為具象了。

如果他們可以在幸福、開心時，相信聖誕老公公存在，那麼因為害怕而在腦中想像鬼魂的形象，也屬自然。只要容許孩子自然地發展，在這個世界的集體潛意識中，自然地害怕未知與死亡，並合理地抵禦邪惡和黑暗，又有何妨？

我只願孩子可以在美好的想像中多停留一會兒，這是一個媽媽的私心，希望孩子能有多些正面情緒的嚮往。

＊媽媽最愛的是「寶貝鬼」

「嘿！來，告訴我，你們怕的鬼長怎樣？大的？小的？有穿衣服嗎？什麼顏色？」我認真地問，他們反而安靜地愣住了。

「知不知道媽媽怕怎樣的鬼？」我又問。

四個孩子搖搖頭。「什麼樣的鬼？」

「就……大概是一群這麼高的鬼，瘦瘦的，會跳來跳去，爬上爬下，常打翻東西，喔，而且滿會哭的。有時候很會吵架，一共有四隻，每天都黏在我身上……」

不用再說下去了，他們四個哎哎叫，說：「媽媽，妳怎麼說我們啦！」

秀外慧中的妹妹接話了：「我也覺得他們三個搗蛋鬼比較可怕。」

這未免也撇得太乾淨，好像沒把自己算進去。

後面就是一團嘈雜混戰，因為我捧著他們的臉，同時舔著嘴角，像是卡通裡的怪物。違和的是這個怪物唱著一首名叫〈寶貝〉的流行歌曲：「我的小鬼小鬼，給你一點『舔舔』，讓你今夜更好眠……」

團體立馬解散，跑給我追，直到回房上床。

＊跟隨想像力與幽默感前進

我抱抱老二，說：「不怕，無論聖誕老公公、阿彌陀佛、觀世音菩薩，還是上帝、耶穌、媽祖、土地公……或者小鬼、大鬼都一樣，它們就像是外國人，都在另外一個國家。你沒搭飛機，去不了也看不到。」

老大聽了，接話說：「對，跟我們來媽媽肚子一樣。上次媽媽說我們是坐船來的，所以還可以坐飛機喔？」

我都忘了有這麼說過。

老二正經地糾正：「不是，我是坐雪橇來的。」

「好啦好啦！我也不知道你們的交通工具是什麼，因為老實說，我看不見。不過，如果那些神啊鬼啊，哪天搭飛機或坐雪橇來，就是他們有發禮物之類的工作吧！再不然，沒有任務，就是來旅遊、來玩的，你們看到了，記得要有禮貌地打招呼，知道嗎？」

老二似乎比較安心了，開始跟隨想像的脈絡前進，說：「那還得講他聽得懂的神話和鬼話欸……鬼話的『歡迎』要怎麼說？『謝謝』要怎麼說？」

我有些想笑，「孩子，媽媽告訴你，我們一邊長大就會一邊發現，怎麼不知不覺就熟悉各種人話和鬼話，而且見到了自然就會說得很流利啦！」

關於鬼神是否存在，我不曉得答案。但我知道，讓想像力與幽默感帶著我們詮釋現象的這一刻，我們已能拉開跟害怕的距離，長出觀看未知、死亡與黑暗的新框架。

小孩劇場

噩夢

老三：「媽媽，我做了一個惡夢！」

媽媽：「來抱抱……要不要說你夢到什麼？」

老三：「我夢到我賴床，窗戶外面一大堆動物在瞪我，有大象、長頸鹿、馬來貘，還有疣豬。」

疣豬長怎樣？我心裡納悶，這個夢可怕的點在哪裡？

「好乖，好乖，那只是夢，你看窗戶外面只有天空，你賴床也不會有動物瞪你。」

老二：「只有媽媽會瞪你。」
妹妹：「媽媽就是疣豬啊！」（理所當然，尾音還上揚。）
……算妳狠！

我要有讓自己快樂的能力

我是個心理師，是孩子們的母親，是某個人的老婆、女兒、媳婦、姊妹、小姑……甚至我是個老師，也是學生。但是每一天，和這個世界的大部分人一樣，睜開眼睛，我不會想我是誰，只是想著如何把我的一天安然無恙地過完。

一早，腦袋裡想著要處理的會議和工作行程，看到一桌子紊亂就覺得心煩。要老二整理桌子，他嘴裡嘟囔：「只會叫我做，都不叫他們……」

「這是你負責的區域，當然叫你。」我說。

老二卻開始進入辯論模式，指著吃早餐的妹妹，說：「她負責掃地，妳有叫她嗎？」

「怎麼沒有，每天早上啊！妹妹妳說，我有沒有叫妳掃地？」一如往常，我滿心只想回話之後，繼續今日的行程。

妹妹煞有介事地認真點頭，說：「有，哥哥上學以後，媽媽就叫我。不過昨天媽媽趕著上班，叫我一下，我不做，媽媽就生氣了。她罵我，可是其實我只是拿掃把……」

吼！沒人叫妳解釋這麼多。

老二還是重複地說：「妳哪有叫他們，都只叫我。」

看他繼續執拗，我也自動化地抓狂了。「你在爭什麼？我最少叫你了，不然你問其他人！」

老二拿起書包，繼續碎唸：「每次都叫我，不叫他們……」

我又拉又追地說：「你你你……好！對！我都叫你，沒叫他們。你爭這個幹麼？爭贏了又怎樣？去上學啦！」

連珠砲似的罵完，推著他要他準備上學，他也進入迴圈，「本來就是，妳都叫我，沒叫他們啊！」然後甩門出去。

＊我是「好媽媽冒牌貨」嗎？

我們都陷在各自明知沒意義，卻舒緩不了心頭一口氣的迴圈裡，只是孩子用嘟囔宣洩，我是明著爭辯，其實也想控制。

心平氣和時，不覺得收桌子、掃地一定要在這個時候做，但在心煩、工作時，我就陷入自動化的僵固，容不下任何一絲鬆動了。

這樣的場景其實滿熟悉的。我想到自己孩提時，也常在上學前跟賣早餐的媽媽爭執。長大後曾對媽媽提過，以前最怕早餐店生意太好，因為生意愈好，媽媽就愈難搞，特別是學校需要買什麼東西、作業或成績單要簽名，或是自己想和同學做什麼時，幾乎都會被拒絕。那種時候的媽媽特別凶，罵人的話也特別傷。面對這樣的媽媽，我也只能嘟囔，然後忿忿離開。

這一刻，我將心比心地想著當時的各種教養事件。會不會，其實當時父母也沒那麼清晰地想著如何教養，而只是在不同情緒下的應急處理而已？

現在回頭看我娘對我的要求、忽略，或有時出現的滋養，也許很多時候，那只是她在當時生存條件下的情緒狀態。長大後，我當然可以理解她的辛苦與挫折，但孩子時期的我，早已植入一些程式，對於表現和人際總有滿滿的焦慮。

如同現在我對眼前的孩子們，有時我只是在煩惱工作，心不在焉；有時是忙碌一天，累了，焦躁了，不想再生事端才嚴格把關；有時我得到了支持而感到愉悅開心，所以對孩子的狀況樂於討論，幽默看待。再有時候，我即使做對了什麼，還是會像天性有種「好媽媽冒牌貨」的焦慮，總覺得自己不夠好，且對教養議題過度在意。

*把溫和與穩定傳給孩子

盤整一下自己的生活，身上掛著的角色從沒少過，只是，我該回頭問問自己：

在這些角色間流轉的生活中，我是否只剩下焦慮？

如果我的心為了滿足這些角色的期待而難以快樂，除了賠上我自己的情緒之外，是否也在我與孩子之間，悄悄地傳遞了焦慮和憂鬱？

無論在哪種教養模式中長大，父母的確很難避免傳遞與植入情緒，我們無法要求自己時刻保持教養意向的清明，但至少平衡一下，除了傳遞焦慮，也要傳遞快樂吧！

希望孩子有一天回憶起自己的成長片段，想到媽媽的表情和動作時，不會只是皺著眉頭、指著他的額頭，也有溫和而穩定地牽手，以及溢出眼角的笑意。

老二和老大蹦蹦跳跳地放學回家時，我也在門口笑咪咪地迎接。

老二依然敏感，問我：「媽媽，妳怎麼這麼高興？妳在笑什麼？」

「我啊！發現想通一些事情後，再繼續想不好玩的事，就沒那麼不開心了耶！你知道是什麼不好玩的事嗎？」我佯裝生氣地追逐老二，「你，你，你，就是你！還沒收拾，上去，把桌子收好才能玩！」

他笑嘻嘻地上樓，模仿消防車的聲音警告大家：「快收啊！巫婆來了！」

＊自己的情緒，自己照顧好

這個世界看起來很極端，有時冷漠疏離，有時又過度涉入。這會不會是因為，我們對於內在的脆弱與因應方式始終沒有自覺，而只由著本能的反應在自我保護？

或許，疏離是因為害怕有了連結之後，自己就會消失。而攻擊，是為了避免自己消失，所以先張狂地把別人吞噬了。

每天睜開眼睛，我仍然不用特別去想我是誰，也如常想著如何安然無恙地把今天過完。只是，我輕聲提醒自己，要拾起照顧自己情緒的責任。

我要有讓自己快樂的能力。

PART 2

兄弟姊妹

媽媽看著你們：

有時很快樂，吱吱喳喳沒停過，
有時吵很大，氣過了再和好，
有時三對一，有時二打二，
有時各擁山頭……

媽媽的五隻手指是不一樣長，但手指的主人只有一顆心，
我讓心盡量避免固定只用某隻手指朝向你們某一個，
盡力構築一個空間，讓你們熱熱鬧鬧地長出自己。
不管怎樣，喧囂，表示我們很平安地在一起。

每個孩子都想成為那個唯一

原本是我要陪老二去參加比賽的，但老大生病了，所以改由爸爸陪老二，我帶老大去看醫生。

老大和我聊天時，說：「媽媽，弟弟要去參加硬筆字比賽，考試考一百分，跳繩也第一喔！」

我沒有多想，就說：「對啊！媽媽也覺得他真厲害。不知道怎麼辦到的？可能是因為很專心吧。」

老大安靜了一會兒，說：「媽媽，那妳會選我嗎？」

這什麼意思？我納悶地問他：「選你什麼？你生病，我就選擇陪你看醫生啊！」

「不是這個。我問的是，媽媽，妳會選我嗎？」老大繼續追問。

看他認真的模樣，我的心，有點酸酸的。

唉！每個孩子都想成為那個唯一，雙胞胎的頭號罩門還是出現了。

我一時慌亂，反問：「你呢？你會選誰？如果只能選一個的話。」

我不知道自己在迴避什麼。怕自己不公平？怕老大誤解？怕被其他孩子知道？……用問題回答問題，還是等於沒回答。

對照我的迂迴，老大的答案倒很明確：「當然選妳啊！」

也是。孩子對媽媽的愛，毋庸置疑。

「媽媽，那妳會選誰？」他繼續追問。

「這個問題媽媽很難回答，因為你們四個我都很愛，我實在沒辦法選誰。但我知道現在你心裡很希望我選你，那麼媽媽願意認真地跟你說，我—選—你！」

老大的眼睛亮了，笑開了。那麼燦爛的笑容，大概就像表白得到了回應吧！

「你很高興嗎？」我問。

老大用力點頭。

＊只要你需要，媽媽一定選你

有種在跟老大偷偷談戀愛的感覺。在他的眼裡，我看見被獨一無二地愛著是如何令人喜

悅，那像是全然的快樂，似乎連自信也在這個片刻長大了。成績、比賽、各種活動的表現不佳也沒關係，身外的成就統統後退，貌似沒什麼事能讓他不開心了。

我也對這個笑臉著迷了。記住這一刻吧！和孩子連結，然後享受這個連結帶來的美好與魔力，也謝謝孩子給我這個時刻。

「寶貝，謝謝你選我喔！那可不可以，如果弟弟、妹妹問媽媽這個問題，媽媽也跟他們說一樣的話？」

老大笑咪咪地回答：「可以啊！他們一定也會想要媽媽選他們。」

就這麼簡單？我有點驚訝。

我想我真的多慮了，很多時候，是我把不安全感投射到孩子身上，認為他們會計較，其實更多的是我自己的在意。

也許，獨特不等於獨占。對孩子而言，只要他感受得到那份獨一無二的愛就夠了。他們也有美好的世界要忙著探索，只要當需要時，回頭凝望或呼喚媽媽，看得見媽媽眼裡對他的注視，心就踏實了。

選你選你！只要你需要，媽媽一定選你！

＊你們四個我都好愛，一個也不能少

當然，這種「你愛誰」的問題，似乎也無法統一作答，尤其孩子的特質不同，老大可以收下的答案，老二未必會買單。

繼老大的「媽媽，妳選誰？」之後，老二也問了類似問題。即使我說我選他，他也會策動其他兄弟姊妹來問我，甚至注視著我，看我能給出什麼答案。

對他，我無法迴避，他總迫使我面對真實的自己。

「媽媽，妳最愛誰？」老二問。

見鬼，又來了。

我說：「抱啦！愛你，你們四個我都好愛！」

另外三雙眼睛望過來，明明天氣很熱，我卻背脊發涼。

老二又說：「哼！所以媽媽妳不愛我。」

這這這……臣惶恐啊！

我趕緊說：「愛，當然愛。」心裡再次發出警報，要小心回應。唉！媽媽心裡苦，但媽媽不能說。

「妳不是最愛我，就是不愛。」

吼！一定要這樣嗎？

「我很愛你，但一定要加上『最』才算嗎？」

其他三個也都湊過來了。老二一副梭哈的架勢，說：「對，妳『最』愛誰？」

唉！對老二和老大不同。老二天生少了點純真，但好思辨、敏感度高，同時固著性也高。當他想要什麼，就會專心一志，不顧一切地努力。和他交手數百回合了，總是不斷給我出新的考題。我知道，這孩子需要的，不只是我哄他、抱他，而是正面回應討論，然後站在他身邊，陪他面對。

「你們真的一定要問？都想知道？」我說，一副亮底牌的架勢。

四個都點點頭。只希望這次能一併解決了。

「好啦！其實你問了媽媽一個好問題，我一定要認真地回答。對不起，我會跟你說很愛、很愛、很愛，但是不會說『最愛』。之後也不會說。因為那個字是保留給你們四個人的。

「就像媽媽不會對左手說：『嘿！我最喜歡左手，沒那麼喜歡右手或右腳。』在我的心裡，你們四個就是一個合體，一個都不能少。」

老二安靜了，眼神也變柔和了。「媽媽，妳愛我嗎？」他問。

這問題讓人心揪了一下。我緊緊抱著他，拍拍他，說：「愛。別擔心，媽媽只是有時會生氣，有時做得不夠好，但心裡的愛沒有少過。兒子，你可以對媽媽失望，但不用怕我會不愛你。」

其他三個好安撫的插話了。

妹妹說：「媽媽很愛我們啦！」

老三手扠腰，說：「媽媽，妳敢說不愛我？妳敢嗎？」

善良的老大則跑來抱住老二，說：「我最愛你！」

我欣賞著這畫面：左手愛右手，沒有負擔的純粹，真好。

老二開心了，說：「媽媽，我們就像合體的超級機器戰士，對嗎？」

嗯，可以，你想通了！

〈後記〉

寫完這篇以後的一年，只要我記得輪流帶上某個孩子去散步、買東西，或對哪個孩子的善意表達感謝與看見，這些孩子都沒再問我這個問題。就算問了，也能相互回答：「媽媽說都愛，一個都不能少。」

我知道，偶爾你不想要兄弟姊妹

孩子剛出生時，我們買了一台防手震的傻瓜相機，但隨著手機拍照功能逐漸出神入化，相機也就漸漸被遺忘了，靜靜躺在抽屜裡。

直到有一天，老二找東西時發現它，不停地央求我們教他拍照。我和爸爸商量，也許這也是個機會，能讓孩子們學著用相機幫我們拍照，也讓他們多一種看世界的方式。

到了週六，我們帶著相機去了一趟動物園，教孩子們如何拍照，如何把焦距拉近拉遠。四個小孩輪流拍上一段時間，倒也不搶不鬧，喜孜孜地拍了一整天。

回到家，一向執著的老二果然對相機依依不捨，始終不肯放回抽屜。在我強迫下才收起來，勉強接受下個週末再去公園拍植物的提議。

週日早上，老二醒來後跟我說的第一句話就是：「媽媽，我想要有一台自己的照相機。」

不會吧！又來了？

「你有睡覺嗎？還是你想了一個晚上？」

表面努力維持淡定，其實心裡的我不僅跌倒，還哀叫連連。

老二篤定地說：「媽媽，我想要一台自己的照相機。」

「不行。」

「為什麼不行？」他問。

「照相機很貴。」我說。

他回應：「我知道啊！妳可以把妳那台給我。」

「不行，那台要全家一起用。」

「他們不會用，只會亂拍。」

「大家都需要練習，你也是練習之後才拍得比較好啊！」

「那不然，妳再買一台照相機給我。」

「不行，照相機很貴。」

唉，又無限迴圈了。

＊大家的照相機和「自己的」照相機

牽老二去買早餐，在路上問他：「媽媽問你，為什麼一直想要一台照相機？」

他沉默了一會兒，才說：「因為我想幫媽媽拍照，媽媽都沒有照片。」

我覺得很窩心，在路邊停下，對他說：「哇，謝謝你！我好感動！」

他問：「那妳可以幫我買嗎？」

「還是不行。」我堅持。

「不然，把妳的那一台給我？」吼！感動就不能持續久一點嗎？

這次我不吼了。老二雖然執著，但還是個可以說理的孩子。我說：「爸媽每個月賺了十塊錢，如果九塊錢拿去買相機，一塊錢是不夠大家吃飯、上學的。要是我給你現在這台照相機，其他兄弟姊妹也都想要一台，怎麼辦？」

快到家了，只見他悠悠地說：「我不想要兄弟姊妹，我想要自己一個人。」

唉呀！我怎麼每次都學不乖？原來對老二而言，重點在於有一台「自己的」照相機。

類似的話已不是第一次聽他說，每次聽，每次我沉默，也每次揪心。

孩子們想有玩伴一起長大，卻也因此較難完全獨占大人的注意力。但並不代表在孩子心裡，沒有獨占的渴望。

兒子啊，媽媽無法哄騙你，說出「你是唯一」這樣的話，但請相信在媽媽的心裡，你仍是獨特、完整且無法取代的存在。

「這樣啊……對不起，媽媽不能給你照相機。但你知道嗎？你已經是一台最棒的照相機了，你把你看到的畫下來，那就是照片。媽媽覺得你這台相機拍出來的世界，特別美麗。」

說不出別的安慰的話，我和孩子都沉默了。

有些經驗，只能盡力給予，無法解釋。孩子終究需要自己一次次去整合愛恨的糾結。

回到家後，老二和哥哥、弟弟、妹妹一起吃早餐、玩遊戲，時而合作笑鬧，時而怒罵吵架，一會兒又是滾、又是抱，追來跑去的。

剛剛那句話呢？雲淡風輕地，飄走了。

＊想要獨占，是學會無私的開始

安心、有耐性地等待吧！我提醒自己。

我們都在各種遊戲規則、競爭，以及彼此在乎與相互扶持的經驗中長大，要慢慢學會如何收納內在的自私與攻擊，甚至進一步去和解。

我們也在長長的人生中，體會到自己如何在關係裡既想獨占、攻擊，並想要一起冒險和分享。我們會在付出中經歷獲得，在攻擊時體會歉疚。

每一步，我們都是先辨識、沉澱，而後才有機會整合出更真實的自我。對待別人，也才能真心地分享與包容。

身為大人，我們無法針對自己不曾意識到的部分放手。而孩子呢？也許啟蒙他學會「無私分享」的，恰好來自此時能辨認且說出自己內心想要「自私擁有」的渴望。

小孩劇場

討抱

妹妹抱著我說：「趕快抱，不然會被大哥哥搶走了。」

她和老三吱吱喳喳地討論，在四個孩子裡，老大最會來討抱，老二最少，少到幾乎沒有。

老二在旁自然地補充：「我其實一次都沒有，都是媽媽要來抱我。」

我想了想，還真的是耶！從來只有我去抱他，提醒他身體的感受，他不會來抱我，甚至不知從何時開始，抱這孩子還需要撐夠久，他才會柔軟、自然。

我問老二：「你為什麼不會想要媽媽抱？」

他一派輕鬆地答：「第一，那很幼稚（……少年欸，今年幾歲？）

「第二，那很浪費時間（……你很忙嗎？）

「第三，沒有必要（媽……已無言）。」

老大說：「我喜歡抱媽媽，這樣感覺很舒服，媽媽很愛我啊！」

老二一派輕鬆地看著哥哥，「有必要嗎？她沒抱我，我也舒服，我也覺得她很愛我啊！」

我看著他，好奇了，「那你從哪裡感覺的呢？」

他看著我笑，「妳自己想啦！妳有做什麼事是不愛我的嗎？」

告狀，是因為心裡有渴望

在孩子們沒完沒了的告狀事件中，十件有九件讓人覺得無傷大雅，有時我會安撫，有時要孩子們自己處理。煩不煩？很煩。但再煩都要聽，就為了小心處理這第十件……

孩子們放學回到家，老三蹦蹦跳跳地繞著我說：「媽媽，老師今天說我進步，妹妹退步了。」沒誇張，此話一出，妹妹大顆眼淚立馬落下，哥哥們看著心都碎了（後面這句是我的瓊瑤魂說的）。老二皺眉，過去抱抱妹妹。

身為媽媽，總是要搞清楚事件始末，我問：「老師為什麼這麼說？」

老三說：「因為她襪子亂丟，昨天是老師撿到，今天是我撿到。」

「你撿到了，然後呢？」

「我就拿給妹妹啊！然後再去告訴老師她亂丟。」

妹妹哭得更大聲了。「哇哇哇！哥哥亂告狀！我襪子濕了，要晾乾嘛……」

「你真的很愛告狀耶！」老大罵老三，再轉頭安慰妹妹，「老師說妳退步，有什麼關係？」

老二也來幫腔：「不管老師說什麼，妳自己感覺不是這樣就好了。」

眼前這部家庭溫馨大作，看得我驚喜又叫好。好樣兒的哥哥們，因為長出了有強大自信的眼光來看待自己，才能如此發揮安慰妹妹的能力。

我對妹妹說：「好啦，不哭。哥哥說得好，有時候人家覺得怎樣沒關係，我們自己真正是怎樣的比較重要。下次襪子濕了，就自己告訴老師，老師會教妳要放在哪裡晾乾。」

接著轉向三個哥哥們做政令宣示：「還有你們，以後呢，如果不危險或不傷人的事，就先不用告訴老師，叫對方別再做就好。但是，假如告訴老師可以讓你或別的小孩安全，那就一定要說。」

＊安全地保護自己，也照顧別人

擔心孩子變成告密的「抓耙仔」，又不希望孩子失去適時告知的正義感，該如何跟他們解釋這兩者的不同？

我想起《陪孩子面對霸凌》（心靈工坊出版）一書中，作者芭芭拉・科婁羅索（Barbara

Coloroso）曾使用一個衡量標準供孩子思考：如果說出來會讓另一個小孩陷入麻煩，就是「告密」，別說；若說出來會讓自己或另一個小孩遠離麻煩，那是「告知」，要說。假如兩者並存，大概就是霸凌了，更是一定得說。

雖然想這麼教孩子，但看來，這些說法讓他們一頭霧水了。

我對著四個小孩繼續解釋：

「如果有人故意亂放襪子，這不危險也不傷人，你就叫他別這樣；如果故意亂放釘子，就要告訴老師，因為那可以保護別人的安全。

「還有，如果別人霸占溜滑梯，不用告訴老師，只要請他借過就好；但是，如果他為了溜滑梯而罵人或把人推倒，就要告訴老師。」

妹妹接話了，「反正就是三個『不可以』，不可以傷害別人和動物，不可以破壞東西，不可以做危險的事。」

也是。對這年紀的孩子來說，這是最簡明扼要的結論。看來妹妹恢復高超的統整能力了。

孩子們，世界比你們想像的複雜許多，人與人的關係也難以一個通用的標準來處理，天知道你們以後會遇到什麼人、什麼事（腦海閃過排擠、打架、霸凌、未成年懷孕……諮商室裡的悲傷故事何其多啊）。

雖然媽媽很想一直陪著你們，但總有一天，你們會不想要媽媽陪，所以，至少要讓你們熟練以「安全」為底線的人際法則，保護自己，也照顧別人。

＊一不小心，就讓「工具型告狀」得逞了

與孩子們聊過這些概念後，過了一陣子，某晚睡前聊天時，老三說：「媽媽，我知道不要常告狀，但是，我喜歡妳罵哥哥耶！」

是怎樣？你的眼睛沒有特別白啊！我腦中飛快閃過這傢伙因為白目被打的畫面。

告狀分很多種：一是無所不告，二是該告則告，這兩種的分野就是要用腦袋想想。如果會對自己、他人或物品造成傷害，而且還可以幫別人遠離傷害，這樣就必須告。

經過溝通，老三在學校告狀的頻率已降，但在家裡四個孩子中，還是個相對高點。經他這麼一說，我才想起告狀還有第三種：借刀殺人的「工具型告狀」。

這種告狀表現在孩子每天「媽媽！媽媽！」地叫，「媽，妳看他啦！妳看哥哥……」沒完沒了、哭爹喊娘地討拍。

就像老三，全身都是罩門，只要哥哥不幫他拿毛巾、玩具不給他玩、比手畫腳遊戲不讓他排第一個，或說他寫的注音看不懂，就會戳中他的哭點，讓他或大哭，或含淚來找媽媽。

大多時候我會叫他自己解決，但煩起來，也會為求速效而逼迫哥哥讓讓他。

我知道便宜行事不好，只是在這真實的世界啊，媽媽是下意識地先想活下去，才去想怎麼帶孩子共存共榮。簡言之，還在修練哪！

＊為什麼喜歡哥哥被罵呢？

雖然對於老三處理事情的方式有太多擔心，但我還是先忍住諄諄教誨的衝動，問他：「為什麼喜歡哥哥被罵？」

他說：「我也不知道，很好玩嘛！」

可憐的哥哥們，原來你們才是工具型告狀的受害者。

我繼續問：「不太懂耶，他們被罵哪裡好玩？你是要說你會比較開心吧？」一邊忍住巴他頭的衝動。

老三說：「對啦！開心媽媽站在我這邊啊！」

無辜的哥哥們，原來你們成了我跟弟弟間的代罪羔羊。

這下，老三戳中我的罩門了。

「所以你常常擔心媽媽不站在你那邊喔？」我問。
老三說：「也沒有啦，就好玩嘛！」
看來你若非詞彙不足，就是我悟性太差……到底是哪裡好玩?!
妹妹也加入討論，說：「你是不是因為大哥哥哭起來像馬鈴薯啊？」
老三大笑，說：「對對，二哥哥哭起來變洋蔥！」
吼！妹妹一加入，頓時變笑話一則。但是想到老大的哭臉，我也噗哧笑了。
「那媽媽哭的時候像什麼?你們自己呢？」
老三說：「媽媽哭像石頭，一動也不動。啊妹妹哭……」詞窮了。
妹妹說：「媽媽說過我像大卡車，你的哭臉像河豚！」
我大笑，「真的，有夠像河豚氣鼓鼓的樣子。」
老三一聽又要哭了，鼓起臉來摀住我的嘴巴，說：「不要，不可以，不要說！」

＊其實，還有其他的方法可代替

所謂工具型的告狀、工具型的情緒、工具型的什麼都一樣，我們不說那是操控，而是為了

解決某種需要或渴望所出現的工具性表現。

如果想要減少這項工具的使用，就和孩子談談他們的需要、聊聊他們的渴望吧！接著辨識一下，在滿足他的需求的同時，我們是否也不自覺地助長了他繼續使用這個工具？

這一兩年，在工作上和一群特教老師共事後，從她們身上學會許多處理小孩問題行為的方式。例如：孩子還小時，需求量大，而思考範圍有限，行為常常依據直覺或本能，當他想得到我們的注意力而出現問題行為時，可能反而會因為我們反覆制止或認真討論而強化它。因為對孩子來說，這個問題行為是非常好的吸睛工具，我們會因此關注他，甚至花時間跟他認真討論。

那麼，要減少這個問題行為，又要孩子學著用對的行為來滿足他的需求，該怎麼辦？

忽略問題行為，和他談談需求，找找可取代的方法吧！

「好好好，媽媽不說，那你們也不要為了看馬鈴薯臉就想讓哥哥被罵哭，就像你也不喜歡我說你像河豚啊！如果是想看馬鈴薯臉，哥哥很會演。如果是擔心媽媽不夠愛你，直接來問媽媽就好。這些都可以直接說，或是你也可以來抱我，這樣會不會讓你比較安心？」

妹妹聽完，又下了註解：「而且媽媽罵又不會痛，我就不會哭。哭像大卡車也沒關係，我還是我啊！」

又跪拜了，好一個「我還是我」！

比「贏」還重要的事

在家裡，孩子們常玩傳接球遊戲，尤其是兩個哥哥學會用棒球手套接球之後，我們家狹長的走廊也能變成寬闊的棒球場。

能玩、能跑是好事，但玩遊戲難免要分組，也有競賽。這天下午，三兄弟沒人要和妹妹一組，妹妹含淚癟嘴來到我身邊。

「那媽媽和妹妹一組。」媽媽就是有濟弱扶傾的本能。

妹妹還是大哭著說：「他們都不和我一組！哥哥都不和我一組……」

唉，妹妹的小小心靈啊！

三個男生嚷嚷：「媽媽，妳們一組啦！我們和爸爸一組，男生對女生。」

除了比例太懸殊之外，躺在沙發上的爸爸也猛搖頭，「我沒說要玩。」

妹妹持續大哭。我說：「嘿！妹妹就想跟你們玩咩！」

老大的回應很直接：「不要，跟她一隊會輸。」

這下哭聲更大了。

「那我一直跟她一組好了，出去玩一組，吃飯一組，睡覺也一組。你們男生就一直自己一組，好嗎？」

這會兒，媽媽想起了自己小時候害怕沒分到組的心情，心裡那個小女娃兒也掉進「全有」或「全無」的防衛攻擊了。嗯，也好，一起吵一吵。

這下換男孩們不開心了。敏感的老二發難，說：「我又沒這樣講，是媽媽妳不要我們了，媽媽壞壞！」換男生們在嚷嚷。

爸爸偷笑，繼續搖頭說：「你們都跟媽媽一組，我自己一組。」

狡猾，趁人之危，我瞟他冷冰冰的一眼。

* 從同理心談起……

想起妹妹放學回來時，曾落寞地說：「○○○說不跟我做朋友了，我今天自己一個人玩。」

老大、老二也曾提過，「跟誰誰誰坐一排，誰就倒楣，那排會被扣點。」

當時聽著一陣刺耳，但一時不知如何處理，只是輕輕安慰，或以制止帶過。如今問題帶上情緒，如果又不看、不談，怕會生根成孩子的信念。

群體生活中的霸凌，常與輸、贏掛鉤。贏的驕傲、輸的自卑，這還只是個人自信的議題。可是，當贏家鄙視輸家，沒輸沒贏的旁觀者又參照贏家的方式去對待輸家，就構成了霸凌。

遊戲的輸贏，除了涉及自信，更要談談同理心。

人都有期望證明自己價值的本能，能夠看見自己的價值是種自信，但在長出自信的歷程中，孩子卻是透過內化「這世界看待自己的眼光」來找尋自我的。

我們之所以怕被排擠，是因為害怕失去他人眼裡那個不錯的自己。所謂「西瓜偎大邊」，於是不知不覺地，也以對待別人的方式來彰顯自己的價值，誤以為跟著贏家，自己就也是贏家了。

＊家裡是現成的「人際情緒教練場」

我希望孩子從他人眼裡看見怎樣的自己？

我希望孩子如何對待別人，以證明自己的存在有價值？

當孩子們漸漸成長，與同儕相處的時間可能比和父母還多。在群體中，我們期許自己，也渴望引導孩子成為有自信又具備同理心的人。我們家，擁有這麼現成的「人際情緒教練場」，雖然有點吵，有點惱人，但我問自己：能不能別再逃？

是膿包，就擠了吧！省得日後發炎擴散，得花更大的力氣修復。

此刻，孩子們哭的哭，嚷的嚷，悲傷、生氣、不平衡……哇哇叫雖不是什麼好聽的交響樂，卻是挺真實的情感表現。

＊埋下小小的溫柔種子在心裡

哭鬧總會叫完的，等分貝漸歇，先來處理男生。

「你們怎麼這麼氣媽媽不跟你們一組？」我問。

「媽媽壞壞！只要妹妹，不要我們。」老二又嚷嚷。

老大訴求明確地說：「媽媽只要打棒球幫妹妹，其他還是要跟我們。」

我問：「那我怎麼知道什麼時候要跟誰一組？」

老三叫著：「睡覺要跟我！」

老大想了想，說：「玩的時候，分組用輪流或抽籤好了。」

很好，遊戲之所以有規則，就是為了讓孩子們在自信與同理發展未臻完善之前，擁有一個安全空間可以探索和拿捏。

還是先帶進同理吧！然後，容許孩子講出行為背後的目的，說出他想要的是什麼。

我說：「妹妹哭，就跟你們哭說媽媽壞一樣，覺得你們因為她不會打球，所以不要她了。」

老二回應：「我只是不想輸，沒有不要她。」

「如果只能選一個呢？贏比較重要，還是當她的哥哥比較重要？」我忍不住加碼，帶他們進行價值取捨。

一片沉寂。看來這題有難度，那就晾一晾，先回頭和妹妹討論。

「妹妹啊，有時候就是這樣，有些事情適合一起做，有些不能。譬如我們兩個適合一起去聽音樂會，因為妳也喜歡，哥哥們就覺得很無聊。有些事妳很厲害，像唸故事，大家就會搶著要和妳一組，那是因為妳喜歡做這些事，或妳有能力。就像雖然○○沒跟妳一起玩，但妳有妳喜歡做的事，也有妳厲害的地方，而且妳後來就自己玩了？」

妹妹不哭了，點頭說：「我本來自己玩，後來另外兩個同學有來找我玩。」

「欸欸，我也有跟妳一起玩啊！」老三一向行善不落人後。

至於另外兩個哥哥，要憋住給他們答案的衝動，很難。但如果由我來要求他們看重彼此，

又容易變成規矩教條。所以我還是留了問號給他們。不怕多問幾次，慢慢來吧！

也許這個小小的問題已種在孩子的心裡了。因為隔週我們去小溪邊玩水時，孩子們又開始分組要玩「攔截水桶」（看哪一組攔截到最多水桶的遊戲）。

A組的老三跌坐在水裡，B組的老二站在他旁邊，顧不得眼前又可以攔到兩個水桶，放棄了遊戲，先去扶老三上岸。

老二看了我一眼，我們四目交接的當兒，我點點頭，說：「這樣挺好的呀！弟弟應該會感謝你，因為你覺得他比贏還重要！」

● 媽媽，歇一歇 ●

有一種狀態，我的脾氣最好，
那是選擇用好奇的眼光來看孩子的時候：
我看孩子，
和孩子有距離卻很親近，有對話卻很平靜。
我好奇自己是個怎麼樣的媽媽？
他們是怎麼樣的一群孩子？
然後，我得到答案，或者沒有答案，
只有探索與發現，多是皆大歡喜。

上天送給你的禮物……

放學後，老二找老大玩傳接球，老大搖頭說：「我想要等暑假棒球營再玩。」

老二繼續盧他：「來玩嘛，來玩嘛！我們多練幾次，你就接得到了。」

老大還是搖頭，坐在牆壁前面，就是不看弟弟。

我詫異地問：「怎麼了？棒球營還很久欸，你不是很喜歡棒球嗎？」

他有點不開心地說：「就是等暑假啦！」

我看過這個表情，它的名字叫「挫折」。

之前老大在家裡跳繩，先掌握到了「連續跳」的訣竅，就很開心地練習。但老二的毅力與堅持讓他後來居上，慢慢地，老大就不跳了。最後，老二得了跳繩比賽的冠軍，老大還意興闌珊地說：「可以通過考驗就好。」

棒球也是。先開始跟爸爸玩傳接球遊戲的是老大，他也接得不錯，後來老二加入了。老二喜歡不斷挑戰難度，還會自己對著牆壁練習，慢慢地，老大又落後了，也就不再主動要求爸爸跟他練習。其他還有畫畫、扯鈴、勞作……唉！有點不忍再數。只要遇到像老二這樣的關主，老大就關關難過，關關棄守。

人天生有追求肯定與成就的本能，老大也是，我相信有一天，他會找到屬於自己的舞台。但我不禁隱隱憂慮著：這世界競爭如此激烈，即便我們不與人爭，環境也總是會標籤強弱，在那之前，只希望他不要因為挫折就失去展現自我、探索自我的動力。

＊每個人都有天生的獨特處

吃完飯，孩子們陸續上樓，我在樓梯間叫住走在後面的老大，說：

「嘿！你知道嗎？我發現原本你喜歡做的事，只要弟弟也喜歡，而且做得比你好，你就不再做那件事了。像畫畫、棒球、扯鈴、跳繩……都是這樣。

「我想偷偷告訴你，上天送你的禮物，就是『快樂』。你做很多事都會快樂，別人就算贏你，也拿不走你的快樂。可是，如果你因為不想輸，就自己把快樂給丟掉了，實在有點可惜。

可不可以就看看你做這件事情時的快樂就好？然後，不是為了要贏，只是因為喜歡而做？」

他笑了，說：「我還是喜歡畫畫、棒球和扯鈴啦。」

挺好的，但貪心的媽媽心裡閃過一個想法：如果你也能喜歡國語和數學的話，那就更好了。

上樓後，老大開開心心地一會兒畫圖，一會兒傳接球。憋不住祕密的他，告訴了弟弟他擁有的禮物，老二也跑來問我：「那我呢？上天有給我禮物嗎？」

「當然有，每個人都有！你的禮物需要解釋一下。你知道什麼叫做意志力嗎？」真慶幸自己腦袋轉得快，我猜老天給我的禮物之一，就叫做「應變」吧！

老二搖搖頭，說：「不懂。」

「大概就是……你會堅持朝向你想要的目標前進，不管遇到困難還是失敗，你好像都不會放棄，總是一直努力。這叫做意志力。」

這怎麼聽都像是對他的一種稱許吧！老二滿意地笑笑，轉身繼續對著牆壁接球。

＊在自己的特質裡揮灑自信

老大、老二兩人的特質非常不同，如果兄弟同時遇到挫折，更可以看見彼此反應上的歧異。

例如：同樣都是心愛的玩具被沒收了，老大剛開始雖然會難過哭泣，但不一會兒，注意力就會移開，改參與別的遊戲，有時甚至早早就去睡覺，希望把時間睡過去，隔天特別早起再玩。

老二呢，不太會哭鬧，只是會和我爭辯，一定要確定自己無權再玩。他會做什麼？改用紙，或摺、或剪，做出類似的機器人，或是畫出被沒收的卡片。

對於老大這樣的孩子，有時我會在心裡納悶：他哪來的信心認為「明天會更好」？而老二，則是讓我一次次驚豔：如果他想做，有什麼事情做不到嗎？

若用編織的角度來看人生，縱向是美好、快樂，橫向是挫折、痛苦，將會層層疊疊交織出一塊獨特的厚實布料。那麼，老大擅長運用「快樂」來編織，老二則是擅長以「意志力」來處理，這就是他們各自獨特的毛線材質。

我是貪心的媽媽，總希望孩子們可以擴充自己的材料，常想著，如果換一捆毛線給他們，不知會如何？

＊把美好，傳遞給彼此

隔日下午，開車載兩人出去的路上，我問他們：「你們可否教教彼此：怎樣才會快樂？怎

樣才能有不怕苦、不畏難的意志力？」

老二沒有想太久就說：「你想著你想要的東西，你就願意忍耐了。」

說得真好！簡單，明確。

老大呢？不知道這個問題對他來說是不是太困難，他唱著歌不回答，只是在老二身上戳戳戳，嘴裡一邊喊著「嗶嗶嗶」。我想起武俠小說裡的運氣發功，也許他這樣，就是在傳遞快樂了吧！

我問老二：「這樣被戳一戳，你有感覺比較快樂嗎？」

老二咯咯笑到停不下來。

我還是執著地繼續問：「老大啊，你快樂的祕訣到底是什麼？」

他努力擠出答案：「就是想快樂的事，不要想問題就好啦！」

好吧，也對。

如果一定要擴充材料，那就引導老二多體會美好、愉悅的經驗，鼓勵老大探索想要的目標，就算是給他們不同的毛線編織看看了。

至於真實的快樂……如同老大所說，腦海裡多想點美好的事，還有，不要讓媽媽或其他人的問題縈繞腦中，就好了吧！

願你們永遠是彼此的好麻吉

一大早，老二獨自拼好了積木，得意地要拿來給媽媽看。老大看到了，驚嘆：「做得好漂亮啊！」這時老二正笑咪咪地推開我的房門，但積木沒拿好，霎時「哐啷」一聲，全垮了。

老二望著滿地的積木，氣惱地怪身後一公尺遠的老大：「你幹麼叫我啦！積木都倒了！」

老大……這個最高等級的順民，完全沒事人似的跑來繼續糾纏弟弟：「我們來拼恐龍，拼你昨天那一隻。」

我看到這一幕，對老二說：「這個世界上，可能只有哥哥莫名其妙地被你罵，還能不生氣地笑著繼續找你玩了。」

老二安靜了一下，調整得還算快，馬上呼叫老大：「我們一起拼，你說哪隻恐龍？」

偶爾，幫孩子們連結一下吧！剩下的他們會做得很自然。

上學前，老二背好書包，穿好鞋子，坐在門前催促還在穿襪子的老大。

「吼！你快點啦！欸欸，還有聯絡簿，你忘記帶又會被老師扣貼紙了……」

我聽了，也對老大說：「世界上也只有弟弟會在你拖拖拉拉的時候，邊唸你，邊等你，還怕你沒有貼紙而提醒你了。」

我知道，孩子們的心裡都有一個「位子」給彼此，這些都是他們的情感流動，在付出和被在乎的過程中，會長出歸屬。我也相信，這些孩子會給彼此很多的安全感與歸屬。

真的，先求有，再求好。現在有個位子，就夠了。

＊手足之間，嘔氣只有三秒鐘

又是老大和老二，睡前，兩人為了搶玩具扭打成一團，被我拉開罰站。

老二堅持那是他的機器人，不給哥哥玩。老大氣得說：「好，不要就不要，我也不想給你用寶盒。」

兩人各自回到自己的床上嘔氣。

沒多久，老二說：「媽媽，我背癢。」

我還沒回應，老大就跳到他的床上，說：「我幫你抓背！」

老大抓背的樣子之專注，畫面像極了猴子（下一步是把抓背的手送進嘴巴裡嗎？）。我拍照給他倆看，他們笑倒在床上。

更令我驚訝的是，要他們睡覺時，老二竟把機器人遞給老大，說：「我讓它今天陪你睡。」

這什麼狀況？你們的情緒怎麼可以轉換得如此迅速流暢，不落痕跡？適才的扭打像是另外兩個人的事，現在又一如往常地麻吉。

這到底怎麼辦到的？

＊留個位子，給彼此心中的歸屬感

這四個孩子，總是能在吵鬧過後，再修復、和好；即使不滿其他人的動作拖拖拉拉，仍願意在氣惱下，邊催促，邊等待。或是在學校拿了糖果，留到回家才在兄弟面前吃掉（是的，大多數時候不是偉大的分享，而是「獻寶」）。偶爾，開心時也會叨唸著：「下次其他人也要一

起來玩。」

看來手足之間是個挺好的平台，可以幫助建立人際界線，也學習情緒調節。

從想要獨占媽媽、討厭另外一個（或幾個）手足，到逐漸長大至可以一起玩耍、喜歡有對方的陪伴，又在對方撈過界時生氣反擊，氣過以後再和好……在嬰兒到幼兒期之間，孩子就這樣一下討厭，一下喜歡，且轉換的速度愈來愈快。在這樣對同一個人又愛又恨的過程中，他們會試著整合自己看世界的眼光，也會試著對自己的許多情緒包容、和解。

《脆弱的力量》（馬可孛羅出版）作者布芮尼・布朗（Brené Brown）曾在書中提到，如果我們因為期望被某個群體喜歡而調整自己，叫做「融入」；但如果以真實、未調整的樣子存在某個群體中，也不懷疑自己的價值，且可以被喜歡，那就叫「歸屬」。

「融入」的技巧，可以透過教導、嘗試錯誤的過程中學習。「歸屬」的自信與安全感則只能透過經驗，一點一滴地累積。

我站在房門口欣賞孩子們演猴子抓來抓去，欣賞他們可以自私，也可以無私地掌握、摸索著自己的界線，欣賞他們情緒迅速調節的能力——我想，這些來自於他們對關係的安全感與復原力。

至於青春期之後會如何？未來是否會隨著成長而逐漸疏遠？以後再說。

現在，我帶著我的欣賞，孩子帶著他們的安全感與復原力，一起長大吧！

切八段是一種和好的練習

小時候，我們都會把左右手食指的指尖相觸，凶惡地要跟別人「切八段」。那股狠勁，恍若全心全意地相信「拋棄」是對方最怕的攻擊與懲罰。

那，現代版的切八段呢？

晚上，老大和老二又在吵架，似乎開始了跳針式地指責與辯解（「你有。」「我沒有。」「你有。」「……），接著就是揭瘡疤地互罵（「你只會亂哭亂罵。」「你只會找媽媽。」「你只會靠別人。」「……）。

再喊下去就要傷到彼此的心裡去了，我忍不住喝斥：「好了，停下來！你們現在太生氣了，先安靜不要講話！」

兩人卻像要講點什麼才能舒心似的，硬是多喊兩句：

「你很爛，我不跟你玩了！」

「不要就不要，你最笨，笨死了……」

我大喝：「停！下！來！」兩人才在我這樣撂狠話後，以淚奔作結。

＊在家裡學習「安全地受傷」

憤怒的眼神會因為防衛、攻擊而堆疊成仇視。當彼此殺紅也哭紅了雙眼，還看得清楚眼前的人是誰嗎？還能感受自己渴望友愛嗎？

關係，也許禁不起這樣惡意的傷害。鼓勵表達情緒，不是容許放狗咬人；難聽話大多只能添亂，而不能解氣。「留點餘地」，才是孩子們該日漸成熟擁有的人際能力。

不過，在孩提時有這些經驗也是必然，每個孩子的人生總也要經歷這樣和人衝突的過程，對象也許是一起長大的童年玩伴，也許就是和家裡的兄弟姊妹。吵起架來，有時不只言語傷人，甚至出拳相向。

在童年時期經歷衝突的好處是整合，可以看見自己心裡有愛，也看見自己內在的攻擊心態。尤其是手足之間，罵過了，氣過了，終究還是家人。在這份不變且留存的關係中，孩子的心會在過程中練習「安全地受傷」，體會哪些事、哪些話會讓人心痛，以及要付出怎樣的代價才能復原。

這次，當媽的先替孩子們拉住繩子，兩兄弟安靜了。

過了半小時，分別問問他們聽到那些話的心情，要他們想想對方當時的感受。不一會兒，老大說要去房間拿小被被，老二已在房內，兩人就待著沒出來。

冷靜之後，孩子總能自然地修復，這點我倒是很放心。

果然，不久又是一陣大笑——唉，聽說他們和好了。

我的心裡飄過一句：「還是媽媽那個年代的『切八段』可愛多了。」

＊衝突太過了，還是要設個邊界

當然，太平的日子總是不會維持太久。這天，主角換成了老大和老三。

老大搶走了老三在做勞作的紙箱，弟弟邊哭邊追討，正義的爸爸看不下去，決定濟弱扶

傾，狠罵了老大一頓。

結果，紙箱是還了，但在還的當下，老大卻一屁股把紙箱坐破，哭著叨唸：「都不要玩，都不要玩！反正這個最後要回收，我就拿去回收……」一副「我不能玩，你也拿不到」的架勢。

想當然耳，老三更是哭得難以收拾了。

唉！這是什麼狀況？「兄弟鬩牆」不夠，還要加碼上演「玉石俱焚」的橋段？在他們失去地哭、挫折地哭、生氣地哭的同時，孩子們直白的表現，也讓我看見人性或許天生就有這樣的黑暗面。

兄弟啊，「道義放兩旁，利字擺中間」，每天都有這種爭、搶的劇碼。做媽媽的因為相信人都有求生與向善的本能，加上有時因為累了，就會睜隻眼閉隻眼，然後像躲進防空洞一樣，偷偷祈禱他們的戰火可以自然消弭。所以大多時候不怎麼處理，只會給個大方向。

「玩具搶壞了就沒得玩」的自然後果，總會迫使孩子們最後找到雙贏的平衡，有時還可以讓他們意外發展出自己的協商規則。但是，像現在這樣，攻擊驅力擺明了大於一切呢？我問自己：對這場情緒爭戰，要「放過」？還是「拾起」？若拾起，是要拾起什麼？又要如何引導和承接？

我想，還是給個邊界吧！以免這場攻擊帶來孩子們自己都無法收拾的破壞，最後走入「你差勁，我就更壞」的自暴自棄循環。

*手足之間，哪有吵不完的架呢？

「見笑轉生氣」的那一個通常哭最大聲，而且最容易因為被罵、爸媽不抱，或其他什麼鬼的理由轉移哭點。我想，對應「這種哭」（只有這種），「忽視」反而是王道。就忍耐一下。

我拉住爸爸不要衝撞，自己也離開老大的視線，由著他震耳欲聾地哭……果然，他開始緩下來討抱。

我捧著老大的臉，直白地告訴他：「我會抱你，但是你知道你剛剛對弟弟做了什麼嗎？」

他又哭了，說：「知道啦！可是那本來就要回收啊……」

風雨再起，只是沒剛剛的力道強大。

我還是直搗核心，說：「我看到你搶走它是想拿來玩，爸爸要你還，你才破壞紙箱，說要回收。」

哭聲漸歇。「知道啦，我知道了啦……」

我繼續說：「來，媽媽沒有生氣。但是，那樣真的不對啊！媽媽只是覺得奇怪，你是怎麼了？怎麼拿不到用搶的，搶不贏就想破壞？」

「我只是想玩，他不會給我。」他說。

「你有問他嗎？」我問。

老三過來插嘴：「如果你問我，我就會給你。」

呵呵，我的內心戲又發作了，心裡開始碎唸：是這樣嗎？最好以後你都會這樣，現在就先當作是吧。

一次解決一件事，我繼續問老大：「我只是在問你，你很想要一樣東西的時候，你知道你在做什麼嗎？做了之後你真的開心嗎？」

他確定我沒在生氣，才猶豫地說：「我只是不想給他玩，因為他也不給我玩。」停頓了一會兒，又說：「好啦，我知道了。弟弟，對不起，我去把箱子黏好。」

唉！現在可以抱了。

我抱著老大對他說：「嘿！你們都長大了，想一想吧，真的很想要一樣東西的時候，還可以怎麼做會比較開心呢？」

老大點點頭回答：「用講的，用等的。反正弟弟每次也只玩一下下。」

老三飄來一句話：「你黏好了，我也不要原諒你。」

不過那個老大啊，已經自我寬恕了，絲毫不以為意，繼續去黏箱子、纏著弟弟了。

媽媽，歇一歇

受傷，未必是創傷。
孩子長長的人生難免挫敗、受傷。
我們的回應是：蓋住讓它化膿？
繼續切割讓它傷得更重？
還是真實地看待他的傷，握住他的手，
陪他走過即使撒鹽清創都還會有的疼痛？

無法說「沒關係」，但我原諒你

孩子長大的過程中，難免跌跌撞撞。一般來說，如果是自撞受傷，父母盡力照顧孩子時，會因為無法替代孩子的苦而心疼。另一種狀況，則是孩子傷到別人，我們在誠懇善後之際，心也懸在空中，一方面是愧疚，一方面是恐懼，擔憂是否對他人造成了難以挽回的傷害。

再如果有一天，傷人與受傷的，都是自己的孩子呢？

這天夜晚，男孩們又在玩追來打去的遊戲，老二追老三追到了床上，也許是他推了弟弟一把，背對床沿的老三「咚」地一聲，摔到床下。大人們全進到房間來查看，發現老三摸著自己的後腦勺在哇哇哭泣，沒一會兒就把晚餐全吐出來了！

在我們忙著幫孩子冰敷、收拾之際，老二努力想哄老三笑，又是鬼臉、又是擁抱，最後還咚咚咚地跑去廚房拿鹽巴，在老三面前邊撒邊喊：「下雪了！下雪了！」

這個方法或許能哄得老三幾分鐘的安靜，卻讓我們除了憂心老三的傷勢之外，更是對老二製造的問題感到心焦煩躁。那一刻，我們已無法細思老二行為背後的意義，只惱怒他推了弟弟，於是一陣怒斥後，也讓他罰站許久。

*闖禍的那個滿心驚怕

半夜，老三醒來喊頭痛，又是一陣狂吐。茲事體大，趕緊帶去急診，做了腦部檢查，初步診斷是腦震盪，折騰到四點多才暫時先回家觀察。

也許是回家時驚動到了老二，或是他也沒怎麼睡，他走到我們房間，看我抱著老三，也走過來靠在我身邊，輕聲地說：

「媽媽，對不起，我不是故意害弟弟跌倒的。」

唉！只顧著擔心老三，都沒有想到老二的心情。看他愧疚的表情，想想，他應該也嚇到了吧。本想脫口說「沒關係」，但心裡又是一陣掙扎，因為有些錯誤，似乎不是真的「沒關係」。

話到嘴邊，仍硬生生忍住。

「來，媽媽知道你不是故意的，你一定也很難過。我相信弟弟的頭會好起來的，他也還是

很喜歡哥哥。但你知道嗎？就算你說對不起，我也不能跟你說這樣推人沒關係，因為它真的很嚴重。你要記得今天的事，以後千萬不要再這樣推別人，知道嗎？」

老二哭了，點頭說：「知道。」

他主動去摸弟弟的頭，我的眼眶也跟著濕潤。

「媽媽覺得你來說對不起很好，放心，我不生氣，原諒你了。去睡一下，晚一點要起床上學了。」

他乖乖回床上睡覺，沒再多說什麼。

孩子，有些錯誤造成了傷害，媽媽即使知道你難受，也不能說「沒關係」，只能輕聲對你說：「我原諒你。」

*用孩子的眼光來理解孩子

每個小孩多少都需要一點「天公仔子」的好運吧！當孩子免不了「落漆」的時候，我們大人只能盡力守護，然後認真地彌補，把傷害降到最低，不論是生理，還是心理。

情緒敏感但處事較為自我的老二，總會說「希望這個家只有我自己一個小孩」，卻出生在我們這樣多個孩子的家庭，於是他或故意、或不小心地，常有許多挑戰爸媽底線的狀況。儘管大多時候，都由做父母的來承接、安慰，但這似乎不足以將他對身為「獨生子」的嚮往，扭轉至多注意擁有手足的美好。

只能盡力了，然後期許這孩子能真正體會到手足帶來的溫暖。

父母可以為他們做的，就是用孩子的眼光來看孩子，引導他們自己與手足進行連結吧！

如果我可以帶著老二去體會弟弟、妹妹看他的眼光，也許就是最好的連結。就像老二漫天撒鹽（是在驅邪嗎？），是大人在忙亂時無法忍受的行為，但老三卻在對醫師描述受傷經過時，說：「哥哥推我，讓我掉下床，後來為了要讓我笑，還玩鹽巴，就被罰站了……」

這樣的描述讓原來懷疑他被爸媽家暴的醫師一整個釋然，還偷笑了。

弟弟清明地理解哥哥的心，看見了哥哥的善意啊！

＊我願陪著壯大你們心裡的善

大多時候，生活推著我們前進，工作、經濟、家庭、關係……我們很忙碌，幾乎可說是毫無餘裕。面對這樣的生活，我只有一個原則：沒事就容著自己應付著過，甚至有時可以不假思

索，橫衝直撞地過。

但如果遇事、遇糾結了，記得一定要緩，甚至要停，為心爭取一點時空。透過停留，才能看到自己的心，也看到孩子的心。

除了擔心受傷的孩子，也要在事件中，看見另一個心裡也在驚怕的小孩。在把事件對兩個當事人的傷害減到最低之外，也期望可以對孩子的未來提供滋養，以及對價值觀的引導力量。

畢竟，即使是多事、多糾紛的孩子，做錯了事也會有罪惡感，看到別人難過也會想照顧對方，這些是一個孩子心裡會有的基本善性與和人連結的能力，或許微弱，但可以透過一次次被看見、被支持而長大。

如果可以，我想守護並壯大這份善性——除了照顧老三的傷，也肯定老三對哥哥單純的愛；不只安頓老二的心，也引導老二看見弟弟對他的信任。

如果他們在這樣的事件中得以修復與牽手，那麼我相信，他們未來的手足情誼也會更加堅固。

小孩劇場

高規格道歉

「對不起……對不起啦！」妹妹說。

被她撞到的老三一直哭。

「你可以原諒我嗎？」妹妹問。

老三哭著搖搖頭。

「拜託啦！我知道會痛，痛也還是可以原諒人啊！」妹妹繼續說。

也沒錯，但……嗯，連我的腦袋都沒跟上。

老三愣了一下，還是搖頭。

「你現在還是想一起玩吧？」妹妹再問。

事主沒那麼痛了吧，只剩愣住。

「再給我一次機會嘛！」妹妹說。

這次老三含淚點點頭。

前後幾句話，不到三分鐘，我第一次看到這麼流暢自然的道歉和好過程，絲毫沒有阻滯。孩子的道歉，怎麼可以如此即時、真誠、同理，再加上循循善誘？百煉鋼就是這樣化為繞指柔的吧！

天啊！誰受得了她的道歉？

我認得，那是你面對挫折的表情

我們家族每年都會舉辦一次「阿嬤盃運動會」，就是讓一群小孩跑跑跳跳地闖關玩遊戲。除了舞蹈表演之外，還有呼拉圈、吹麵粉、叼橡皮筋、畫面具，有時還會搭配時令節氣，舉辦包粽子或剝柚子大賽。

老大是個單純的孩子，總是認真投入，一個口令、一個動作。而阿姨們也總是不忘看見他的亮點，為他留個「廚神」封號或是「極努力」的獎牌。

這孩子倒也珍惜，總是喜孜孜地把獎牌放在枕頭旁，只為了可以看一眼笑著入眠。

「我從來沒有得獎，因為都被弟弟擋住了，這是第一個獎耶！」老大指著獎牌，笑咪咪地說著。媽媽卻看著他，心酸酸地疼著。

當然，只要是比賽就有輸贏。看著哥哥得獎的老二，每到頒獎時就有些生氣，雖然為兄弟

姊妹們拍手，卻又顯得意興闌珊。畢竟他一向是課業、才藝表現都好，讓老師們讚不絕口，這些成功經驗也增強了他不容許自己失敗的執著。

他看著領獎的老大，悶悶不樂地嘟著嘴，但沒有說什麼。

＊看向明亮，陰影自然在身後

獲得表揚可以培養孩子的榮譽感，同時，也會因為內在的競爭焦慮而產生得失心。而最原始的競技場，就是手足的課題，他們會透過爭取「父母的愛」來確保自己的價值，遇事即使只是輕輕撩撥，都足以繃緊心底敏感的神經。

只能經一事，鬆一次了。孩子的自卑或得失，透過「心」被持平、肯定地看見，得到父母認證，就能一次、一次地，建立起無可取代的自我接納與存在感。

更何況，陰影必然存在，不管是手足或其他好友的勝利，都會帶來內心的嫉妒和羨慕。孩子終將需要與這樣的內在狀態共處，我們不必因為是陰影就想為他排除，只要孩子不受其控制，也不會被遮擋住看世界的視線就好。

引導他練習挪動眼光，看向明亮吧！陰影自然會在他身後。

媽媽雖然認得孩子挫折的表情，但難的還是如何讓小孩有面對挫折、看向自己價值的能力。這是多麼困難的功課啊！我自己走向中年的人生，不也常為此所苦嗎？

若要釜底抽薪，重點其實仍在孩子如何接納真實且有限的自己，如何在贏的時候大度而溫柔，輸的時候也願意微笑著拍手。

●●●●

孩子們持續遊戲，我看見在下棋的老大此時鬥志高昂，老二則是臭臉如常，直到贏了哥哥幾盤棋，才笑逐顏開。

還是讓他們自己經歷這個過程吧！沒有進入情緒的經驗，要從何體悟這些細緻的情緒歷程？相較於人生，這些競賽、遊戲還是安全的教練場，我們如果期許孩子不只是拿到駕照，更可以開車上路，就免不了得耐著他們相互吵架、嘔氣。

看待競爭的眼光，不只是放在棋藝、跑步速度、投球準度這些內容的進步，同時，也是在一次次地培養與輸贏相處的勇氣和風度。

＊不論得失，寬大些對待自己就好

吃完晚飯，洗好了澡，全家聊天細數著今天做了什麼。我對老二說：

「媽媽覺得你今天最棒的事，不是你答對了幾題或贏了什麼比賽，而是後來你會幫哥哥拍手了。你可以祝福別人，為別人的勝利開心，媽媽覺得這樣真有風度。」

老二有點愣住，好像喚起了他的不開心，嘟起嘴巴說：「沒有啊……可是妳一直稱讚哥哥。」

「我當然會稱讚哥哥，為他高興嘛！你仔細看看哥哥，笑成那樣，我都被他的開心傳染了。你不會嗎？」我說：「好啦，那你跟我說一下，為什麼你要不開心呢？」

對這個老二，與其告訴他道理，不如問清楚他心裡為何過不去。

「我就是不喜歡輸嘛！」

這孩子倒也誠實，只是媽媽替他覺得辛苦。

「老實說，媽媽跟你一樣，小時候，我也很不喜歡輸和失敗的感覺。可是，怎麼辦？等我長大了，才發現有時候不管我多努力，就是會輸、會失敗耶！」我兩手一攤，無奈地搖搖頭。

也許，無能為力的媽媽，先陪孩子在「輸」的感覺裡蹲一下就好，雖然沒有什麼策略，但也算是讓小孩把挫折裝進媽媽相對較寬廣的心理空間。

說也奇怪，老二突然因此變得較輕鬆了。

「沒關係吧！那我長大就會好了！」

也是。生命就是這樣，你的腳在成長，步伐也會跟著逐漸加寬。還沒走到，也就不用急於立馬改變，蹲一下，待一會兒，慢慢和這些勝敗得失的經驗相處。也許我們仍免不了在意，但只要寬大些對待自己，不受苦就好。

老二又轉頭去找老大，笑著伸手，說：「欸，那獎品呢？不是有很多餅乾嗎？我的餅乾呢？你領獎完怎麼就都吃掉了？」

而那個古意的老大呢？只是繼續呵呵呵地笑……

如何帶你看清與世界的界線？

星期天早上，帶孩子們去玩沙，老二蓋的沙堡被其他小孩推倒了，他生氣地直跳腳。即使對方道歉，他仍不依不饒地嘟嘴碎唸，堅持對方得在原地蓋回一座一模一樣的城堡。

我看看那個有點茫然的兩歲娃兒，以及身後直要娃兒道歉的母親，換我不知所措了，直說：「沒關係，沒事的，我再跟他談。」

陪在老二身邊，試著同理他，他卻反而愈罵愈大聲。我想轉移他的注意力，但可能是技巧不夠，這孩子還是生氣地僵在那裡，絲毫不肯挪動。看著他，我的無力感還是帶出了情緒，最後火大了，強勢介入。

我說：「走！你有你的做法，沒有人可以還你一個一模一樣的。沙坑也不是你一個人的，憑什麼你想幹麼就幹麼？我們還是回家吧！」

算是落荒而逃吧！那當下我也說不出個清楚的道理，只想火速把孩子帶離現場。

到了下午，老大不想遵照其他弟妹的規則和玩法，一下子自己晃來晃去地喊無聊，一下子故意踢亂老三搭的軌道。被我制止後，又抱怨弟妹不肯跟他玩，在地上滾來滾去哭鬧著。「夠了！這是怎樣的一天？還是什麼星逆行之類的嗎？」在哭鬧聲中，我的心也在尖叫。依舊不太知道該怎麼辦，想等他哭完。但這孩子愈哭，破壞力愈是強大，甚至跑去撞倒了妹妹堆的積木。我終究還是大聲喝斥了，他停住，不甘不願地罰坐在牆邊十分鐘。

興許是媽媽肺活量太差，或者是與孩子對決實在太費力，這一刻，當我坐回沙發上，已是氣喘吁吁。

＊擺盪在「自我」和「他人」之間

我們與世界的界線，到底是如何建構出來的？

我自認是一個溫和、有禮的媽媽，但也常為了照顧別人的感受而失去自我。有時模糊了「真

誠」與「討好」的分寸，才發現背後都是在擔心別人的情緒，或為了換取別人對我的稱許。

當我這樣的媽媽，遇到孩子要探索與世界的界線時，又會過度在意自己的討好可能會影響孩子的自主權。當孩子與他人爭執時，想要帶領小孩表達自己的想法，卻發現他的想法源自於孩子無邊界的「自我中心」。而收拾不了的我，手足無措了。

「這樣大吼好嗎？」我問自己。有時孩子撒潑，只是想要宣洩情緒吧。但是，難道要由著他宣洩而失去對他人的尊重？這樣無疆界地宣洩，孩子會不會反而因為無法掌握而更加驚恐？

我想給孩子一條與世界相處的界線，只是在他們失控吵鬧時，不知怎麼回應，才能把這條線放入他們心中。

大多數時候，孩子會在遊戲中自然地與其他人摸索界線，在挫折和衝突之下拿捏進退，但總有因為人際渴求或自我中心而情緒失守的時候。當孩子因情緒化而無法控制大腦的時候，先幫他拉住自己吧！

當我喊著：「這個沙坑不是你一個人的。」「怎麼玩又不是只能聽你的。」「停下來，先去坐好。」……雖然大吼不是上策，但媽媽用自己來擋住孩子的情緒，讓他不再衝撞其他人，也算是堵高牆，可以暫先權充為邊界了吧！

＊我不能給你世界，但我可以陪著你成長

老二還記著上午那件事，貌似不經意地靠過來沙發旁，問我：「為什麼不能按照我想要的玩就好？」

我有些語塞，還是不知道該怎麼解釋。

孩子啊！我可以給你一張桌子、一個抽屜，隨你擺放和收拾；但我不想在你和人衝突時，為你占領一個沙坑，或主控一場遊戲，因為那是屬於每個人自己的人生難題。

「就是不行呀，那樣久了會很孤單的。如果這個世界上，大家都沒有意見，都聽你的，那是什麼感覺？所有人都跟你說：『好，都照你說的來做。』你想想，那會是什麼樣的世界？」

看來這問題有點難，老二想了想，沒有回應，又繼續去玩了。

孩子啊！你不開心我知道，但我只能在幫你畫線時，也跟你連結；在離開沙坑時，緊緊牽著你的手，讓你生氣哭鬧時盡量不傷到別人、不傷害自己。其他的，再長大一些會更能討論吧！

父母能為孩子做的，除了給他邊界，也可以帶著他認識這個世界。孩子可以有自己的地盤、有自己的秩序，但相信他們也不會想要地盤大到如同一座孤島，而是會想要與人連結、共有及分享。

在這些矛盾的需求中摸索，然後找到和自己不同的需求共處的方式，這個過程就是「成

長」。而我們透過選擇，不斷重組內在的秩序，找到一個與世界、與其他人安然共處的方式，就是所謂的「界線」。

面對人生的不如意，只要陪著自己的脾氣自然地發散，就會看到眼前的台階，自信、優雅地走下去。

‧‧‧‧

罰坐在牆邊的老大逐漸冷靜下來，這才看清楚其他三人的遊戲，問我：「媽媽，我等一下用積木排一座橋給他們的車子過，可以嗎？可以嗎？」

「當然好。」

孩子踏著下台階，倒是輕鬆自在，依舊蹦蹦跳跳。

謝謝你們來當我的寶貝

孩子們喜歡問我這些問題：

「媽媽，我從哪裡來的？」

「在跑到妳的肚子以前，我在哪裡？」

這種問題，我們小時候也都問過，大多會得到忙碌的大人隨口一句：「撿來的啦！」雖然知道不是真的，但偶爾被罵或被打時，還是會悲從中來，在心裡演出一段《苦兒流浪記》或《千里尋母》的幻想戲碼……

話說回來，當時的卡通還真的都是這些劇情。會不會這正是種時代意象？透過故事安慰年幼的孩子，在父母因忙碌而忽略時，用卡通偷偷置入心裡有某個愛著自己的幻想母親。

當了媽媽的我，遇到這個「從哪裡來」的問題，似乎也下意識地想給讓孩子們感覺被愛、感覺很安全的答案。就算要哈拉帶過，提供的幻想素材也極盡溫暖之能事。幾個版本大致如下。

童話版：「你們是聖誕老公公送給我的禮物，有一天啊……」（是不是很溫暖？）

科學版：「你們是醫生幫忙，把你們放進我肚子裡，讓你們在裡面長大的。」（這是因為想到之前求子的艱辛。）

也有上個世代那種隨口胡謅版：「你們是從電視裡面抱出來的。」（這是一起看電視的時候說的，孩子都笑倒了。）

再來一種，潛意識版：「你們是在田裡面，跟那些水果一樣長出來的，蝴蝶、蜜蜂都是好朋友……」（純粹是因為那陣子在看《大地之母》之類的書。）

大多時候，如果可以回答得完整一些，甚至帶有劇情，孩子們都會津津有味地聽著，彷彿我兒時投入卡通那樣地著迷。若只是敷衍虛應，他們可能就會繼續糾纏，或是生媽媽的氣。所以，重點似乎不在回答的內容，而是回答的「態度」和「語氣」。認真地承接孩子對生命的提問，才是對孩子有意義的事。

而「故事」似乎也是個很好的投射空間，在我們共同發展故事情節時，其實也正在其中投射了各自的意識、潛意識，甚至在孩子的發展過程裡，注入了集體文化的潛意識。

＊幸福、快樂、開心和笑咪咪

有一天，看到一本書叫《靈魂的出生前計畫》（方智出版），我在其中找到了回答的靈感。在他們又問起的時候，我認真地當作睡前故事和孩子們聊了起來，改編後的故事內容大概是這樣：

「在天空之外非常遠的地方，有很多很多的小孩。大家都在雲上面玩耍，跳過來又跳過去，也會到處串門子，滾成一團。另外還有老爺爺和老奶奶在照顧大家，時不時就問大家要不要到地面上的爸爸媽媽那裡，願意的，老奶奶就會幫忙把他送進媽媽的肚子裡，在肚子裡待十個月，然後出生變成baby。

「你們呢，實在是有夠愛玩的小天使，一個叫幸福，一個叫快樂，還有一個叫開心，妹妹就叫做笑咪咪。平常四個都玩在一起，會吵架，會打鬧，也會互相幫忙。每次老爺爺和老奶奶說你們該去找爸爸媽媽了，你們都沒在聽，還是玩個不停。

「老奶奶很溫柔，盡量不催你們，媽媽只好一直等，一直等。直到有一天，老奶奶看到地上的爸媽在難過著，叫你們一起從雲上面看下來。你們不看就算了，一看就愛上媽媽，四個人爭先恐後，好想和媽媽團聚。你們猜：後來怎麼決定誰先來呢？」

老大說：「我們猜拳！」

老二說：「我們比較老，所以先來。」果然是好老成的答案。

老三愣愣地說：「不知道。」

妹妹則說：「我讓給哥哥們啦！」

我繼續講：「其實我也不知道你們是怎麼決定的。後來老奶奶就送了『幸福』和『快樂』兩個小天使到我的肚子裡，沒多久，哥哥們就出生了。之後，『開心』和『笑咪咪』看到地上的我們，也吵著要老奶奶送他們下來。很快地，我們就在地上團圓了。」

這個故事讓我們聊了好一陣子，甚至在帶他們去拜拜時，也會告訴他們有哪些神明一起住在雲上面，比如，觀世音菩薩或註生娘娘就是老奶奶，阿彌陀佛或月下老人就是老爺爺。

他們認真地向神像打招呼，甚至對註生娘娘說：「母親節快樂。」

＊讓想像力無限延伸

孩子們有無限的想像力，這樣的故事雖然沒什麼科學性，卻能安頓幼小心靈對生死的想像。

我父親過世時，孩子們就安慰我，叫我看看天空的雲，「也許外公變回了『呵呵呵小天使』在雲上奔跑。」「呵呵呵」是外公的招牌笑聲。

或者，他們也會在故事裡丟出其他關於自己的搞笑情節，最近的版本是：「其實『幸福』和『快樂』本來還不急，是老三和妹妹想看媽媽，就不小心把他們推下來了。」生媽媽的氣時，也會有聯合眾神明的版本：「沒辦法啊！連老爺爺和老奶奶都怕媽媽，我們不想來，還是趕快被送過來了。」

孩子們隨著關係和心情決定了不同的故事內容，我們只要在故事中感覺彼此靠近，或是搞笑地拉開彼此的距離。

＊把「愛」與「陪伴」寫進故事裡

故事帶著一種神奇的魔力，可以讓糾結的放鬆，讓疏遠的在情節中慢慢拉近。如同兒時那些孤苦但有愛的卡通，使孩子們把想像安放在故事的空間裡，彼此在未來的關係，也能倚賴故事得到緩衝及延續。一直編下去，總會把愛與陪伴寫進去。

但是話說回來，如果卡通和故事可以安撫孩子心中的集體潛意識狀態，那麼，現代版卡通的劇情，大多是小孩走向獨立冒險的旅程，又是在反映什麼？

想起有位精神科醫師在聊天時說：「也許這個世代大多數的孩子，不缺安全感，反而缺的是獨立冒險的能力。」或許，如今孩子們內心最艱困的問題，不是在於「我從哪裡來」，而是悄悄地憂慮著「要往哪裡去」。

小孩劇場

認真就輸了

坐在爸爸開的車裡。

老大問：「車子為什麼會動？」

爸爸回：「因為有人開車，還有加油。」

老二問：「那天空為什麼是灰色的？」

媽媽回：「因為今天是陰天。」

「為什麼陰天就是灰色？」「因為雲很多，水很多。」「為什麼雲多就是灰色的？」……不要吧！要這樣一直問下去嗎？

老三說：「因為有人把水彩灑到天空了啦！」

老大說：「對對對，我當小天使時（出生前）灑出來過。」

老二附和：「對對，我看過他把洗筆的水打翻。」

老三看著天空說：「對，你們看，真的，那裡有小天使！」接著對著天上大喊：「喂——你要管好你的手，不要再打翻了！」

PART 3

小孩在學校

出生，「只要健康就好了。」

幼兒園，「只要平安開心就好了。」

小學低年級，「只要品行乖巧，不惹事生非就好了。」

小學高年級，「只要多些表現，多個才藝就好了。」

國中，「只要認真讀書，交對的朋友就好了。」

高中，「只要考間好學校，不沉迷網路就好了。」

大學，「只要……唉！早點回家就好了。」

出社會，「只要……記得打通電話就好了。」

病了累了回家了，「好好好，只要健康平安就好了。」

我們……可能會愈要愈多，但也必然會愈要愈少。

媽媽也捨不得離開你

上學前，老二堅持要在家裡吃完早餐，速度異常緩慢，先生又比我早出門。看來，不是準備好等他，容許自己遲到，就是狠下心讓他不吃早餐，或在一陣爭吵後，強迫他帶去學校吃。

小學再一個禮拜就開學了。我問老二：「以後上小學要更早到校，怎麼辦？」

他說：「老師說，以後小學也不可以帶早餐上學。」

老大則回應：「我們可以去看看有沒有人帶。有人帶，我們就可以帶啊！」

老二還是堅持，「不可以，一定要在家裡吃完。」

對於早餐，老二有著異於其他三個小孩的堅持，我有點困惑，不大明白是為什麼，但也只能由著他了。

在車上，我對老二說：「看來媽媽今天遲到了。下禮拜上小學，我們一定要早起出門吃早餐，好嗎？」

沉默一會兒，老二哭了。

「妳為什麼不自己做早餐？妳每次都用買的！妳為什麼不自己做早餐？」

＊早餐是迎向分離的重要儀式

喔～我好像有點弄懂了。這孩子一早的彆扭，其實有說不出口的「訴求」啊！也許對老二來說，早餐，不只是早餐吧！

要上小學了，他嘴巴嚷著自己一點都不怕，也不會緊張。我雖然狐疑，但從未深究。這天早上，總算有點理解了。

我猜想，「早餐」，或許就跟老大和妹妹每天早上起床都要抱著走來走去的小被被或小枕頭一樣，也像老三在睡前或媽媽出門前，都要上下摸過我的手臂一遍才能安心放手一般。媽媽從未拒絕，是因為理解小被被、小枕頭或是媽媽的手，對他們來說有著重要的過渡意義。

老二雖然看似獨立，其實還是有著屬於他的分離焦慮，而「早餐」，則變成一種過渡的儀式。這個儀式一定要在家完成，早餐的內容，則是「媽媽親手做的」效果更好。

*我明白，你只是想念「心裡的媽媽」

小小孩的心中有母親（主要照顧者），短暫的時間看不到「實體媽媽」時，還有「心裡的媽媽」可以撐一下——但分離太久，心裡的媽媽會淡化、消失，對小小孩而言，那是很可怕的感覺。

所謂過渡，是孩子與母親分離後，在面對自己心裡的媽媽也正逐漸消失時，可以因為擁有某事或某物而感覺自己被餵養，或是代表母親本身的存在。

食物不好吃沒關係，毛巾髒兮兮也沒關係，這些過渡有其獨特的觸感、味道和陪伴意義。孩子們需要透過這條小被被或儀式，來搞定心裡很想這樣對待母親的衝動，例如又抱又親又咬（老三有時真的會想咬我的手臂）。

這個過渡物或儀式，來自孩子自身的選擇與認定，而不是由我們強塞給他。所以，十個不同打扮的泰迪熊，也不及一條破破的小棉被呀！

當然，在孩子逐漸成熟之後，這個過渡會淡出或收起來，但影響力還在。真的。如果現在我可以拿回屬於我的過渡物，不知該有多好？那條經歷三次搬家，用到小學六年級的小花被被……光是想著，就足以讓我的心暖起來了。

即使成人的內在世界穩定完整，外在世界豐富有趣，但內、外的調節，偶爾仍然需要這樣的過渡現象。就像眾多的療癒系小物能給我們帶來說不出的安心與溫暖一樣。

回來看車上哭著要我做早餐的老二，即使還沒想清楚上面一卡車的過渡意義，他的眼淚和直白的表述，已足以讓我震懾，也提醒我要回應他的焦慮。

只好把車子停路邊，轉頭對他伸出一隻手，說：

「好，不哭了。媽媽下禮拜努力用這隻手做早餐給你們吃，好嗎？」我說著，揮揮手。

老大在旁回應：「那另外那隻手呢？」

老二這才笑了，開始討論怎麼一手做早餐。

是說，以我的實力……蒸饅頭，擺進盤子裡，可以算是「媽媽做的」早餐嗎？

＊早餐成了權力對峙的戰場

在衝突之中，骨子裡不喜歡輸的我，經常是很難停下來的那一個。即使在演講或諮商歷程中，總是鼓吹父母要試著「離開或停下來」，但自己也不斷在體會那有多麼的困難。

沒錯，我和那情緒敏感的老二又拗上了。

弄清楚「過渡」的意義後，我們在早餐這件事上相安無事了好一陣子。但是這天早上，早餐除了過渡，又被投射了別的意義，叫做「權力」。

前一晚說好了，隔天早餐要吃火腿蛋土司，但早上我發現沒有火腿了，改用熱狗代替。

老二當然沒那麼好打發，開始抵制：「我不要吃熱狗，我要火腿蛋土司。」

我回他：「怎麼了？為什麼？」

他說不出所以然，就是僵在那裡，接著又說：「那我不要吃早餐了。」

做媽媽的覺得被威脅，生氣了。「幹麼這樣？就沒有火腿啊！」

老二開始鬧著：「我不要熱狗，我不要熱狗！我不要！不要不要……」

我仍努力克制自己的不悅，只簡短丟下一句：「不可以不要，去吃早餐。」說完便轉身離開。

只是，這孩子也真是執著。我走到房間，他就跟我到房間。我走去叫其他人，他也跟在屁股後面，繼續重複：「我不要熱狗！我要火腿蛋土司，我要火腿蛋土司！」直到我走進廚房，他又追過來，這次除了躺在地上跳針之外，還改成全面抵制：「我不要吃早餐！我不要吃早餐！」感覺就是衝著我來的。

我心想：「吼！這又是哪裡不對了？」就差那麼一點，怒吼快要衝出來了，我整個胸悶頭痛，不知該怎麼辦。

看看他，看看廚房，再看看窗外。有點無助。

閉上眼睛，呼吸——再呼吸——再呼吸——想幫自己濃濁沉悶的狀態灌注一點新鮮空氣。

睜開眼，望向窗外，看見遠方有隻小貓正從這面牆跳到那面牆，接著又跳上另一根柱子。

「真是輕盈啊！」我羨慕地心想。

就這樣看了一會兒，說也奇怪，我的心容下別的情景後，再轉頭看看還躺在那裡跳針的老二；越過他，看見其他小孩在拿熱狗丟來丟去；再轉頭，還有無頭蒼蠅般在到處找襪子的先生。

「唉……」像是要舒緩胸悶，我嘆了一口長長的氣。心想，除了老二和我僵在這裡，其實孩子們和先生一樣沒變，這個時空，也就是個再一般不過的早晨。

老二的執著是我向來知道的，他還在一次次地練習。至於其他人，個性、氣質也都沒變。我會如此沉悶，有多少是因為擔心孩子的健康？多少是想要引導他離開執著？

又或者，我大多只停在自己感覺被壓迫和指責的壓力，而想要行使控制的權力？

＊我離開權力鬥爭，不是離開你

不爭了吧！孩子也在自己的執著裡受苦。

我蹲下來，捧著他的臉，要他看著我，一字一字地對他說：「媽媽知道，沒關係，那就難過一下吧！好，你可以不吃早餐，可以在這裡躺一下。等會兒你自己慢慢起來。」

說完，我就走開去張羅其他三個小孩了。

不到五分鐘，老二走了過來，若無其事地和老大說笑。我拿一盤早餐給他（拿得很緊，本來覺得他可能會打掉），他竟然也接過去了。

我笑著說：「來玩猜猜看，我猜你大概五分鐘就可以把這盤吃完。」結果玩開了（我猜錯了），前十分鐘的「歡」，好像不曾發生。

他真的可以不吃早餐，我想。不管他之前是多麼在意這件事，關於這種基本的生理需求，在他還是個孩子的時候，我只能避免讓它變成和媽媽鬥爭的戰場。

由我先立免戰牌，只是希望自己可以盡量清醒一些。早餐和所有吃、喝、拉、睡等基本生理需要都一樣，可以連結心理需求，但不要讓它們連上權力糾結。（早餐若是「地下有知」，一定很想單純一點，當它只是早餐就好……）

孩子啊！我當早餐是分離的過渡儀式，努力回應你，是因為愛你。

而當它成為權力的爭執時，我選擇離開情境，那是因為即使再艱難，媽媽仍想真實地靠近你。

媽媽，歇一歇

孩子澄澈單純的心，讓我變得更真實。

我的寶貝要上幼兒園了

「愛我，不愛我……愛我，不愛我……」「妳愛我嗎？不，妳不愛我……」「我相信妳是愛我的，不，把我送來就是不愛我……」「妳真的愛我嗎？不然，怎麼還不來接我？」直到下午四點，孩子才嘆口氣：「呼！還好，妳是愛我的。」

大人談戀愛患得患失時，會折騰玫瑰花；假若幼兒園的孩子也比照辦理，他們的得失頻率之高，可能需要來把大黃菊了。

幼兒園這個級數的小孩，每天要固定和媽媽分離八小時，算是「有生」以來最大的考驗了。發展上有沒有能力是一回事，是否情願跟愛人分開，又是另一回事。

「為什麼有能力就要付諸實現？」會表達的小孩可能會這麼問。

還好，這個級數的寶寶不會問，只會哭——各式各樣的哭。

＊面對哭，我的「三步曲」方法

我們家的四個小孩，樣本雖不夠大，但仍有顯著差異，同樣的父母基因，同樣的教養方式，適應過程中仍依著個性而有所不同。

只不過，相同的是一樣都會「哭」：悶哭、大哭、涓涓細流、永無止境地哭……有的可以用集勇敢貼紙換禮物搞定，有的死纏爛打、拖住媽媽，用全世界來換也不要。

我的伎倆老實說也不多，軟的、硬的和大家雷同。有時甚至耐性盡失，直接開罵，孩子才願意讓爸爸帶離凶惡的母老虎。最慘的是老三，哭了半學期，哭到好一陣子不能留在班上，只能在空曠的廚房和阿姨待在一起。

那些年，我真的沒什麼特別好的方法，大多由著習性在處理小孩，然後再來一天天無窮盡地追悔自己應該做得更好。

如果習性中還有一點清醒的成分，那就是到了老三和妹妹要上幼兒園時，對於孩子們的眼淚，即使我一樣不太會處理，但已鍛鍊得可以不太焦慮。我的「三部曲」方法如下：

● 首先，想方設法讓他們去上學，如果不能和我分開，就改讓爸爸送。

● 接著，盡量和老師同在。放學時聽老師訴苦一下，笑著向老師鞠躬：「謝謝老師，辛苦了，雖然他在學校常常哭，但回家後都很開心地告訴我，妳對他很好。昨天還因為他少哭一點給他糖果。」（心機媽媽想讓老師不只看到孩子的哭，也看到他有注意到老師對他的好。）

● 然後，再轉頭對孩子說：「喔～今天有哭？好吧！你看，媽媽有說到做到，來接你了！」然後蹦蹦跳跳，牽手回家。

＊用故事、遊戲和繪畫營造安定感

三、四歲的孩子上學，不用煩惱他們是否求知若渴，那本來就不是他們上學的任務。他們和小學生不同，心裡有很大一部分還只有一、兩歲，時不時就會摔回去那個年紀會有的樣子。

這年紀離家上學的任務不多，一是經歷與母親的關係夠安全、穩定，不會因分離而讓自己的內在破裂到修復不了；二是努力撐出和家人以外的人際適應能力。

一、穩定親子關係

姑且不論孩子哭了怎麼辦，每天幫他們洗澡時，我都會細數他們在學校吃了什麼（公布欄有貼）、睡了多久。

1. 媽媽是無所不在的

例如：「你中午吃麵對不對？我當然知道啊！偷偷告訴你，你不要告訴別人。幼兒園時不時就有些蝴蝶、蒼蠅、蜜蜂，那都是媽媽派去看你的精靈，你別打牠們喔！記得是媽媽請牠們陪著你上課的。」說得振振有詞，只是想讓孩子們知道，與其帶我的照片，不如注意園內的蝴蝶和蒼蠅，媽媽其實無所不在。

2. 準備好下台階

要是偶爾猜錯了呢？就敲敲自己的頭，說：「喔？雷達不靈了嗎？」

二、發展其他人際關係

幼兒的潛意識和意識不像大人那麼界線分明，通常透過故事、遊戲和繪畫，更能擺渡焦慮。

1. 潛意識的灌輸

晚上睡覺前，我很會瞎掰一些類似《湯姆歷險記》的故事，大意都是：有個娃兒到了新的環境（公園、百貨公司、圖書館、哪個阿姨家或婆婆的古早厝——就是不說幼兒園，說了他就會開始擔心上學的事了），害怕又好奇，發現了什麼寶藏、交了什麼朋友等。

故事必備兩、三個夥伴和至少一名大人，加上一個還不錯的結局，剩下的，就隨口胡謅吧！

2.意識的培養

幼兒園的小孩和小一不同，無須期待他們很快就愛上老師（太快反而可怕吧），老師的存在也不是為了取代媽媽（孩子好不容易接受了爸爸當「第三者」，難道現在又要他很快移情別戀？）。

老師在剛開始時表現的耐心，就是在建構安全的空間，引導孩子透過遊戲、故事，去接觸更多人和有趣的事物。「老師和同學沒有因為我害怕而消失」，這件事本身就有擴大適應圈的意義。

慢慢地，孩子就會在自己的安全感「觸底反彈」之後，自然地與老師、同學連結。這個過程沒有時間表，媽媽和老師只需手牽手安心地等待。

＊每一天，重新成為「夠好的媽媽」

其實，回頭看孩子剛開始上幼兒園那一兩年，最難的部分是「面對自己」。似乎當媽媽的安全感和自信都有點底氣不足，心裡常覺得是自己不夠好才急於把小孩往外送，在愛、憤怒、罪惡感之間來回撞牆……

我想，媽媽除了要努力引導孩子度過分離焦慮，更多時候還得努力在一天天的分離中倖存，而那份「活過來」的堅強、安心，才是幫助孩子修復、整合的鑰匙。

每天，我們都將有勇氣重新開始。

偶爾，被自己和小孩的情緒淹沒，擔心撐不住時，我只問自己兩個問題：

「這樣難過或辛苦拆散彼此的一天，對孩子而言有什麼意義？」

「如果今天還是哭了，有沒有一點可以利用的剩餘價值？」

至少……小別勝新婚吧！

孩子上幼兒園可以讓疲倦的我，在每天下午四點，重新成為「夠好的媽媽」。這樣，也很好。

用愛心陪伴孩子上小學

如果幼兒園對小孩而言是一種全新接觸的遊戲，那麼，「上小學」就是這場遊戲所設下的第一個重要關卡，孩子們要以自己萌發出來的能力闖關。對於他們的人生來說，像是比較有知覺的里程碑。

小一新生大概知道上學是怎麼回事了，不會像幼兒園那麼驚恐媽媽來不來接、拋不拋棄的問題。他們要面對與適應的，不只是人際問題，也包含了學習的成就和好奇。進小學像進大觀園，孩子們在既有的基礎上開拓自己的眼界，內心忙著處理自己所擁有的能力是否足以適應這個世界，還有，技巧不夠上手時，怎麼追、怎麼躲，怎麼照顧自己的焦慮……

我是怎麼帶孩子們上小學的？老大、老二沒什麼風浪，安然地度過，不知不覺也讀了兩年。如果要整理出一句話來形容剛開學那前一兩週，我引導他們上小學的核心主軸，大概就是……「用愛心糊弄他們」吧！

更進一步地說，是「成就感」與「親密感」，這兩項是每個人的基本需求，也是自主、自信和安全感的來源。每個孩子在乎或好奇什麼人、事、物以前，會先去覺察別人對這些人、事、物的重視程度。他們要覺得自己可愛，也是先從感覺到別人對自己的愛開始。

*不管什麼蠢事，都當成新鮮事

要為孩子建立成就感與親密感，首先是正面表述吧！不管什麼蠢事都當新鮮事，守護他們對世界的好奇與期待，因為那是發展自主能力的根源。

● 「你們知道嗎？小學一年級代表什麼？表示你們進階了，比大班還大，身體已經強壯到可以午睡少一點，不用點心補給，可以有更大的力氣背重一點的書包，可以專心坐久一點，可以學多一點東西，家事也可以幫忙分擔一點……反正，什麼都厲害一點了。」

● 「來吧！這很重要，小學一年級，就是你可以擁有自己的桌子和抽屜的時候了，表示你會照顧好自己的東西，還可以藏寶貝了！對了，小一生還可以選一個鉛筆盒，就像工程師的工具箱，裡面要放很重要的工具。它會是你的好夥伴，就算是媽媽，都不會、也不可以亂動它們喔！」

通常在幼兒園畢業前的一兩個月，老師會開始介紹小學的生活，回家後，孩子們也會繼續討論。此時的他們雖然已經沒那麼好哄騙，但仍有一隻眼睛是戴著照顧者的眼鏡在看世界。當這隻眼睛看出去是種成就與榮耀，就會勾出孩子們向上的本能與動機。而動機，往往是一個人面對任何困難與挫折時，心理韌性最重要的來源。

＊感覺到自己是被愛，而且可愛的

再來，則是保持和孩子的連結，也努力幫他們與他人（老師、祖父母等）進行親密的覺察。只要他們感覺到自己是被愛而且可愛的，就會擁有無可取代的自信與安全感。

開學第一天

「嘿！新老師第一天看到你們，喊你們名字時，有特別看你一眼喔！」

「你有沒有看見老師在對你微笑？那表示她跟我一樣，打從心裡注意到你這個寶貝，只是小朋友太多了，她沒辦法說有多喜歡你，那樣會搞太久。」

開學第二天

「老師有跟媽媽說喔！你是個好孩子，她喜歡你常常笑咪咪的樣子，而且她看得出來，你雖然有點害怕，還是有努力做她請你們做的事。」

開學第三天

「你可以幫我跟老師說謝謝嗎？」

「……還是不要好了，媽媽自己去。我要去謝謝老師，謝謝她這麼喜歡我的寶貝！」

開學第四天

「啥？你的號碼被記在黑板上，而且不是值日生？」

「不知道為什麼？好吧！不管為什麼，代表老師是真的真的把你放在心上了。就像媽媽不管稱讚你或罵你，都代表有在注意你，也願意一次一次地教你。」

開學第五天

「什麼，聯絡簿忘了交給老師？忘了繳五十元？她沒罵你？脾氣真好的老師！」

「喔，難怪老師要你隨時戴好名牌，她才剛認識你幾天，也會擔心你忘記帶好自己，走丟了。她真的很了解你。」

「還有啊，同學那麼多，老師會忙不過來，你也要幫忙照顧老師喔！」

讀過幼兒園的孩子要進入小學時，通常較具自主性。除了剛開始的陌生感會讓他們需要一位穩定、親切的老師，提供初步安撫，大概過幾天後就不會再那麼依賴老師，整個學校的規則和學習結構也會為其帶來安全感。

同時，親密感的樣貌也會有些變形，孩子會需要被灌注更多的認可與欣賞。

當孩子不再擔心媽媽會消失了，做媽媽的更適合「後退些」。此時，要引導他們親近整個學校體制，「老師」就是很好的過渡者。

運用一些話語，讓孩子感覺自己可以和老師連結，看見老師眼裡對他們的欣賞，再進一步在學校的框架下找到認可，相信這可以在他們心中種下長長久久的歸屬感。

*從小學開始，培養對世界的歸屬感

花了好長的時間，終於領悟一件事：孩子需要的愛，方式無比多元，而我所給的未必適合他們的成長，更何況，我的愛有時還真會枯竭。因此如果可以，我願盡量讓孩子們在每一段情感的流動中，學會珍視自己，並且不害怕持續和別人建立起連結。

尤其是在「學校」這個巨大的體制內，要能彼此配合，才會被喜愛，所以我們多少會要求孩子放棄一些自主性。此時，如果能讓孩子透過愛的連結，感覺到自己有能力去影響與他人的關係，在不擔心會失去自我的情況下，也願意接納體制和老師等的影響，並承擔起相應而來的責任，或許，這才是讓孩子能夠長久適應的重要基石。

聯絡簿的「客訴」，是媽媽的罩門

真的被「理由伯」老大惹毛了。

一早看到聯絡簿，老師寫了一大段的紅字「客訴」他體育課推同學。問他怎麼回事，他先是不想說，直到我答應他不會生氣，他才講：「〇〇自己叫我推他，他會跑得更快啊！」

聽到這裡，我沒有生氣。

「好，以後要想想這樣做的後果。推或不推是你的決定，你可以不要啊！是你決定要推他的。只要是會傷害自己或可能讓別人受傷的事，都絕對不要做，就算是校長叫你做，你也不要做。」校長很無辜，又不是外星人入侵，也不是喪屍。

他大聲地回答：「知道了啦！」下個動作，就把耳朵摀住。

看他這樣，我有點不開心了，但因為答應他不生氣，只好咬牙吞下去，轉頭對其他三個說：

「你們四個，一定一定要記得，你們是媽媽的寶貝，其他同學也是他們媽媽的寶貝。我最不喜歡看到寶貝受傷，其他媽媽也是。」但語氣可一點都不像在跟寶貝說話。

「還有，要做什麼、不要做什麼，是自己可以決定的。就像你叫我打你，我打不打是我的決定，我可以決定不要打你，因為打了就會讓你受傷了，可是我不喜歡讓你受傷。我決定做什麼，我就會負責……」我又來了，憋住不開心的自己就會碎唸，然後話一多就沒重點了。

另外三個，竟嬉笑著學老大把耳朵摀住。到這裡，我的不開心飆速直達生氣，然後就……衝出去了。

「統統把手放下來！你們、你們太不尊重人了！我跟你們講話，為什麼摀耳朵？媽媽現在很生氣了！」

偏偏我生氣時，話就講不清楚，大喝之後還會跳針。

「夠了！這是幹什麼？你們摀耳朵不聽媽媽說話，我就會生氣，然後就罵人！我本來是在好好講的，如果你們跟我講話，我都摀耳朵不聽，你們也會生氣吧？那叫做不尊重，上次才教過你們，尊重是……（跳針中）算了算了！都不要講了！」

說了一堆拉裡拉雜的話，自己都覺得焦點已模糊，裡頭摻雜不清的是對孩子犯錯的不滿、被客訴的尷尬、道理說不清楚的挫折，還有被孩子們拒絕的受傷……

懊惱到最後，我只能氣呼呼地離開，坐到「冷靜沙發」上。

＊說好的不生氣呢？

怎麼會這樣，說好的不生氣呢？自己從頭到尾劈里啪啦地訓話，也許根本沒有說好過吧！

一看到紅字客訴，我已經有點生氣了，只是憋住，還想聽聽老大的說法。他說了，卻把責任推給別人，我的不悅雪上加霜，只是壓一下，想透過說理塞進正確的「價值觀」。他摀住耳朵，我心頭的怒火就冒出來了，但試圖忽略，為了守住承諾而不生氣。直到整群孩子都摀起耳朵，我氣到頭頂冒煙——這下師出有名了，扣你們一頂不尊重的帽子，四個一起飆罵！

唉！跟你們耗這三十分鐘，明心見性，夠抵我靜坐修禪三十載了吧！道行尚淺，由著習性氣惱著，敗下陣來也是自然。

＊孩子要先意識到「好的自己」

四個孩子剛開始還在笑鬧，看到我一言不發，坐在沙發上瞪著他們，才逐漸安靜下來吃早餐、收拾書包。老大頭低低地來拿聯絡簿，看到我只在上面回應：「知道了，我會和他談，同學還好嗎？對不起。」他要抱抱，我嘆口氣，還是抱了他。

「媽媽看到其實有點生氣，雖然我心裡知道你不是會傷害人的小孩，但就是忍不住又氣又擔心，很想要你負起責任。」

孩子要先意識到一個「好的自己」，然後才能從這個自己出發而感覺自責吧！

老大抱著我掉眼淚，搖搖頭叫我別說了。我幫他擦了眼淚，還是繼續說：「媽媽了解你是善良的小孩，怎麼玩、怎麼做決定，是你要負責的事。想想後果，然後自己決定要不要做，我們一起練習這件事，好不好？」

暖男老二來抱哥哥，說：「放心，不然你問我，我會提醒你啦！但是快點，現在上學快來不及了。」

真的，老二對這些事的經驗豐富多了。而媽媽照理說也都被訓練過了，怎麼還是一樣的模式？

＊我們能做的，終歸只是引導

人的改變，從「基底」來說，著實困難。我如果是純綿，就不會是雪紡紗；要涼快，就加上麻，變成棉麻，把功能升級就好了吧！

這天，我賞識自己能快一些察覺，能安於坐在我的「冷靜沙發」上，也能修復自己與孩子的關係，自然就少受一點被情緒與災難想像所困住的苦。

至於孩子們，還在養成那個「基底」的過程。我只需帶著他們一起講究實用、舒服的材質就好，至於是涼或暖、是厚還薄、美不美……就勞他們以後自己調整與妝點了。

小孩劇場

蜜月？

老大：「媽媽，妳今天都沒生氣欸！」也是，一個在車上打翻牛奶，兩個在路上吵架，再一個堅持穿著涼鞋出門……

老三：「媽媽本來就很溫柔。」這就對了，真乖啊。

老二走過來捏捏我的臉，回頭對兄妹們大叫：「老師說過，這樣叫山寨版！」

其實，這跟誰先推誰無關……

觀察了老二幾天，同時也觀察我自己。我自問：會不會我以為的問題癥結，很多時候都只是「我以為」，然後忘了他跟我不同，忘了他擁有獨立的心智，是另外一個個體？上天賦予媽媽教養權，我是否能讓習性來接管，把他當作我的一部分來制約？既然看見了他的獨特，我是否可以就事論事一點，從貶抑到欣賞，從控制到設限？

＊又來了，又跟人起衝突了嗎？

放學回到家後，老大跟我說學校的事：「今天一個三年級的拉我耳朵。」我以為那是他們的遊戲而沒有接話。

等到看完功課、簽完聯絡簿了，老大又說：「三年級的他拉我耳朵，還轉——」

老二插話：「他還推我。」

我這才覺得奇怪，問：「他為什麼拉你耳朵？你們在幹麼？」

老大回答：「他要搶球。那是我們的球。」

我總是下意識地擔心老二，轉頭問他：「他推你，你怎麼做？」

「我就推回去啊！叫哥哥拿球跑掉。」

老大接話，「他把他推倒，我們就拿球趕快跑走了。」

兄弟同心雖然好，自我防衛也沒錯，但我的心總懸著，擔心老二傷人的後果。

我問：「後來呢？那個三年級的有沒有受傷？有沒有追來？」

「不知道，我們跑掉了。」老二回答。

我只輕輕地應聲，「沒事就好。下次遇到他，閃遠一點，別跟他玩。」

但這不是老二喜歡的答案，他接著說：「媽媽，是他搶我們的球耶！他還拉哥哥的耳朵！」

「我知道，我只是怕你們推他，結果他受傷了，又變成你們的錯。」我的腦海飄過諸多往事。

老二有些生氣，「可是，是他先推我的！」

我沉默，點了點頭。「好，我知道，你沒有錯，媽媽只是擔心而已。」

＊我到底在怕什麼？

如果不是老二，而是老大、老三或妹妹這三個「順民」，我會如何看待這件事？也許會覺得：「真是好樣兒的，長大了，能自我保護，還互相照顧。」就算再擔心，最多也只是叮嚀一句：「推了人跑掉，記得回頭看一下，還是要去找老師幫忙。」

為什麼面對老二，我的眼光會如此不同，總是有許多擔心和害怕？跟這孩子糾纏這麼久，「安全感」或「拋棄不拋棄」的問題也繞得差不多了。我們頂撞的力道一次一次地漸增，但修復的能力也一次一次地愈來愈強。即便他是想要獨占媽媽，想要全部的愛，那也將是他此生不可取代且必須面對的失落課題。

我能做的，只是穩定而強大地存在著就好。

可是，若問題不在於安全感，我還能為這孩子做點什麼？

也許，總是怕他惹事，反而讓我無法穩定、強大了。

而我，到底在怕什麼？

＊太多擔憂，變成了孩子的框架

有一次，朋友看我和四個孩子相處的情形，忍不住說：「妳有沒有發現，老二真的很不同？另外三個身上都可以看見妳的影子，只有老二的個性很能跟妳對著幹。」

當時我笑了，翻了個大白眼，指指先生說：「基因啊！天知道這是怎麼一回事。」

這會兒，朋友的話又飄進我的心裡。會不會，我只是想要把他雕成另一個順民，一個害怕衝突與權威的我自己？

放下和他衝突與被他拋棄的恐懼，定睛看向這孩子。老二的心理素質是積極、專注、自我、堅持，情緒表現是敏感、攻擊性強，人際上則是有主見、很能拒絕與反抗。這其中，只有「積極」、「敏感」……（沒了，還真的沒了）兩項特質與我一樣。

我落入自己的習性去雕琢老二，想要他變得像我一樣，而去抑制孩子出現我所不欣賞的特質的可能。這是來自媽媽的天賦，或是祖傳的枷鎖？

如果由別的媽媽來帶這孩子，會如何？我問自己。

也許，會多些欣賞吧！

當然，害怕孩子惹事的那個我還在，但如果不用害怕的眼光，轉而回到教養的價值，換個積極些的角度看待，除了希望孩子健康、善良等普世價值，我也期盼他不會危害社會，可以成

為對社會有貢獻的一分子。

至於該怎麼做？對於眼前這個具備積極、主見且帶著反抗特質的孩子，若希望他不危害社會，就要讓他有對社會的善意，和他對自身行為的責任感。那麼，他需要的是「引導」和「設限」，而非只是控制。

若想要這孩子對社會有貢獻，也許不能只是雕琢，或總是想框住他，要他當個順民。還得有個舞台，讓他的積極被看見。

＊欣賞與我不同的天賦特質

晚上，我跟老大、老二說：「媽媽想過了，不太知道那個動手搶球的小孩為什麼這麼做，不過，媽媽以前遇過一些小孩，是因為想玩又不知道怎麼跟別人一起玩才這樣。」

兩個孩子專心聽著，我繼續說：「要是明天又遇到那個三年級的孩子，不用怕，打你們的球。如果他還是來搶，來，你們兩個，誰可以主動叫他想玩就要好好講？」

順民一號說：「不要，他又會捏我耳朵。」

有主見的老二呢？

「我才不想要跟他玩！」沒變，他還是他。也可以，都好。

慢慢來吧！當自己跳脫了習性的枷鎖，欣賞孩子有主見且能拒絕，後續就只需要在一次次的經驗中，引導他思考：如何本著自己內在良善與責任的價值，去選擇行為。相信孩子終究會歷練得更成熟，也讓我們彼此都可以安心而自由。

媽媽，歇一歇

忙亂、沮喪、無力……
我知道這樣的感受可能會再來，
也許下次當它們來時，
我會試著再跟這些感受聊聊。
現在的我，饒過自己，就這樣吧！

我的哭泣英雄

早上送老三和妹妹到幼兒園後，又折返回去，要把忘了帶的睡袋送去給兄妹倆。一到學校門口，就聽見同學們在笑鬧，喊著老三的名字說：「他哭了！他哭了！」

我驚跳了一下，趕過去看孩子們。老三和妹妹在這些口號聲中走出來，搞不清楚狀況的我連忙問：「發生了什麼事？」

妹妹聳聳肩，一臉不解地看著我和老三。我試著要去抱他，他卻掛著眼淚掙脫我的手，一把拿了睡袋就往裡面走。

望著老三的背影穿過嬉鬧的娃兒群，那一秒，當媽的只剩本能了。除了感覺到心在揪疼，也喚起了母性的保護欲，目光搜尋著喊得最大聲的同學，直到那位同學和我四目交接。

如果我的目光可以電擊別人，那一刻，也許那個孩子就是被電到傻住了。他的臉僵著，笑

鬧逐漸微弱、收掉，然後低下頭來。同學們似乎也漸漸嗅到氣氛的肅殺，安靜得悄無聲息。

我的校園個案接太多了，那些霸凌故事一一飄上心頭。

「不知道老三回頭會不會跟他們起衝突？」

「這些孩子們會不會繼續嘲弄他？」

「真幼稚，真幼稚……這世界就是有幼稚又殘酷的一面，可惡！」

「……吼！我在想什麼，這裡本來就是幼稚園！」

「唉！他帶著眼淚掙脫媽媽的保護，那就是他的選擇，下午再看著辦吧……」

雖然有點擔心老三，但還是先離開了。邊走邊心疼，心裡飄過一堆內心戲。

＊媽媽的心，跟孩子一起滴著淚……

開車上班的路上，腦海裡依然盤據老三帶著眼淚轉身的表情。那一幕，也喚起我不知如何教育孩子的無助。

以往，我總想帶孩子們發展適應環境的能力，特別是在無法控制環境的情況下，我希望孩子們學習抗壓，學習自己處理。偏偏四個小孩一吵架，老三常是最快哭泣、告狀和討救兵的一個。我有時會好好說，有時不耐煩，有時恨鐵不成鋼地發怒，甚至明白告訴他，必要的時候要懂得反擊。

這一切，都是希望他可以強大一些。

如今，他撥開我的手穿越嘲弄的人牆，好像變得強大了。可是，我的心怎麼還是帶著孤單、無助，還有過不去的深深罪咎？

孤單、無助，是做媽媽的在孩子挫敗時替代性地受傷；罪惡感和愧疚，則是直視自己在封印孩子的軟弱情緒時，原來和這堵人牆一樣殘忍。這孩子就是個自信不足，但溫柔善感的孩子，我卻要他強大……在他還沒有足夠的勇氣時，這會不會讓他只學會關上情感的連結，費力把眼淚憋回去？

抓住自己內在的這個糾結，我提醒自己：也許我這個媽媽在不知不覺間，以強大之名，迫使孩子封鎖了自己的脆弱。

「老天保佑，希望他沒事。」我的心輕輕飄過這個願望。

下午再和他談談吧！這次，再掰一個「哭泣英雄」如何以眼淚喚醒壞人良知的故事好了。

＊哭就哭，笑就笑，一次處理一種情緒就好

下午接孩子，兩人一如往常地笑咪咪，也依然腳不點地蹦蹦跳跳走出來。

回家路上我遲疑著，不知道怎麼開口和老三談，反而是妹妹先問他：「早上怎麼哭了？他們為什麼笑你？」

阿佑還是笑著，說：「因為我哭了啊，他們都這樣啦！」

我問：「喔？那後來呢？」

「就不哭啦！後來中午我們還一起玩車子。」他一派輕鬆地說。

「哇！他們笑你，你不會生氣嗎？媽媽那時候還有點生氣耶。」好吧，是我自己過不去。

妹妹加碼，以牙還牙，「要是我就會生氣。生氣可以嚇他們，讓他們哭啊！他們就不敢笑別人了。」

沒錯，沒錯，我都沒妹妹講得清楚。生氣是可以有這樣的功能，早上媽媽的眼神，也有這樣的效果。

「已經在哭了，還要生氣，很麻煩欸！哭就好了，不要管他們啦！」老三繼續捍衛自己的主張。

也對啊！這更是符合他的狀態，我聽了也豁然開朗。對這個單純的孩子來說，如果想哭，他比誰都能容許自己流淚，可以放心地哭。此時無論是媽媽的安慰，或嘲弄的人牆，都只是其他麻煩的刺激，排除了就好。

一次處理一種情緒比較容易，若是真的全攪在一起，好像也不會有任何助益。

＊真正強大的情緒英雄

我鬆了一口氣，甚至對老三帶著點驚豔。看來，我並不如自己所想的理解這孩子。瞎掰的「哭泣英雄」故事顯然派不上用場了，反而是老三破解了我對「強大」的迷思。也許這樣的他，才真正有著能與情緒相處的堅強，而我，只要真實回應對他的欣賞就好。

「媽媽今天又看到不一樣的你了，覺得你有一種特別的能力，就是難過時可以哭，甚至還可以選擇不要在乎別人，專心難過，那才是真的強大啊！」

面對娃兒們繼續吵架，繼續告狀，繼續出現各種幼稚舉動……我就一次次地教吧！追本溯源，如果能夠打開對情緒的封印，何需怕孩子們長不出同理心。

孩子，妳是如何看待自己呢？

老三和妹妹過生日，剛好中秋將至，乾脆省了蛋糕，就著月餅讓他們吹蠟燭許願。

老三不假思索地說出願望，「希望二哥喜歡我。」真可愛的願望！

「好！」更可愛的是聽到這願望的暖男老二，也立馬給他一個大抱抱。

「妹妹呢？」我問。

她小聲地說：「希望手不會再濕答答。」

我沒聽清楚，「什麼？」

老大幫忙重述，「她希望手不會再流汗啦！」

「希望手不會流汗……」妹妹又重複說了一次。

搭著小月餅、小燭光的氣氛，我輕輕「喔～」了一聲，突然湧起〈孤女的願望〉的心酸酸。

吃完月餅，我問她：「妹，有人說妳的手流汗怎麼樣嗎？」

「陳××和林○○啊！他們說很噁心，然後同學都沒人要跟我牽手了……」

「喔，這樣啊……」

＊小女孩的煩惱

妹妹的手、腳極易出汗，除了常在畫圖、寫字時氾濫成災，更是「凡走過必留下痕跡」，同學曾笑她像一隻蝸牛，她得隨時備著小手帕，才能完成一些學習任務，但……無法阻擋的是其他人的嫌惡。

這個年紀的孩子，常常很能直接表達自己的感受和想法。在發展上，他們沒有太多認知思考和語言修飾的能力，說「噁心」是確切表達自己不舒服的感覺，只是直白之外，還會帶上鬼臉。

至於聽到這話的反應，就會有許多個別差異了，是否有其他內心戲，端看孩子累積了何種看待自己的眼光。在這些評語裡加碼的，常常是過度地自我貶抑或過度地自我誇大，而這才是讓一個人受苦且難以消化的來源，因為他面對的是自己給自己的評語——看不見、摸不著，卻又無時無刻地存在。

＊我願盡力守護妳的真實與自信

妹妹是個真誠、平實的孩子，大抵上也有堅強的自信。對她來說，那就是一次因為手太濕而被朋友拒絕的經驗，所以帶著屬於孩子獨有的遊戲式想像，許了個生日願望，像期待聖誕老公公的禮物般，也幻想世界上有個「神仙教母」，可以揮揮魔法棒，幫她解決這個難題。

我這個媽媽一時間不知該如何回應，心裡反覆飄過：「快！說點什麼！」但在想清楚之前，還是什麼都沒說，只是抱了抱她。

我說不出話來，是因為愧疚吧？

想起自己似乎也不自覺地避開和她牽手，偶爾也會說她鞋子臭、腳臭……一向自信的妹妹，總是笑笑，從來沒有抱怨過。

而這一刻，我除了被愧疚感困住而語塞，是否能守護這孩子的真誠、平實，在她的幻想中，陪她面對？

心裡仍在著急地鼓譟：「說點什麼啊！快！說話啊！」

我問自己，可不可以再強大一些，引導女兒守護那個真實而有自信的自己，帶她去面對這個有時就是這麼直白、帶點殘忍的世界？

也許，此刻正適合由我心裡那個愛她的優點，也愛她的缺點，想給她全世界的全能媽媽說幾句話。把愧疚感放旁邊，當一下下神仙教母，這個願望，就由媽媽來買單吧！

＊「自信大神」回來了

我牽起妹妹的手，摸了摸她的手心。

「妹，妳摸我的手，再摸妳的手。哪個比較滑，哪個比較粗？」我伸出自己那總是被朋友嘲笑的「雞爪」。

妹妹回答：「我的比較滑，妳的粗。」很好，辨識度極佳。

我又問：「那妳喜歡媽媽嗎？就算媽媽手很粗。」

「喜歡。」她說。

「那就是了。其實每個人都會流汗，像大哥的頭流得比較多，妳是手、腳流得比較多。媽媽也會說他頭臭，但我還是一樣愛他，說妳腳臭也還是愛妳。」

妹妹微笑點頭，「我知道啊！」

「妳許這個願望，我猜妳是希望他們還是可以跟妳牽手做朋友吧？」我問。

「我們還是好朋友，只是不牽手而已。哎喲！其實那個林○○說，她已經習慣跟我牽手濕

濕的了。」妹妹說。

是不是？秀外慧中的「自信大神」回來了！

「這樣吧，媽媽只是要告訴妳，妳的願望可能會實現在不同的地方，因為手、腳是上天送給我們的禮物，通常給了，我們就無法退換。我猜妳應該還是會流汗，手帕也要繼續帶，媽媽或同學……可能也還是會喊臭。但是呢，媽媽會跟妳牽手，就算濕答答也不要放手！」這時一定要十指緊扣的。

妹妹笑出聲，說：「哈哈，不用啦！為什麼要這樣牽？很奇怪捏……」

我說：「我的手那麼粗，妳的摸起來那麼滑，一定是流這些汗的關係，我也要，分一點給我。多牽妳的手，我的手也會又滑又漂亮！」

小孩劇場

放屁

早餐，討論放屁……

妹妹：「蝙蝠俠也會放屁嗎？」

老大：「會啊！媽媽也會放屁，阿祖也會放屁。」

（病榻上的阿祖？名副其實躺著也中槍……）

老二：「你知道為什麼會放屁嗎？」

七嘴八舌地我沒聽清，類似肚子裡有大便之類的，直到一向幼稚的老三說話了……

「屁股太無聊了，就嘆一口氣？」

這樣交朋友好嗎？

有時候，在努力認清事情的本質之前，我得緩一緩，先爭取一點時間認清自己。

一早，妹妹在收書包時，高興地拿一張集點卡給我看，「我今天如果和楊××玩，她就會再給我蓋章。快集滿了，可以換禮物了！」

我愣了一下，直覺地皺了皺眉，腦袋飛快閃過「一起玩→集點→換禮物」的流程。這在一般的行為學習或班級經營裡很常見，目的是透過酬賞的過程，增強某種行為。但在交朋友這件事上，這樣處理，是好的嗎？

我心裡有點納悶，也有點不安，媽媽焦慮的小宇宙開始運轉。擔心這樣下去，孩子會學到錯誤的價值觀，誤以為友情可以用這樣的方式交換。或者，因為這錯誤的價值觀，誤以為日後只要想滿足物質的欲望，都可以用真實的情感價值來交換。

還沒想清楚，但還是先說點什麼吧。

「你們可以換什麼禮物？」我問。

「就是鉛筆或橡皮擦啊！而且如果集滿五張都不換，楊××說可以換更大的禮物，可能是玩具！」妹妹說。

哇！連延宕滿足的概念都包含在內了，這麼完整的操作……不是才幼兒園而已嗎?!

我的小宇宙繼續飛速轉動，眉頭皺得更深了，忍不住說：「妹，媽媽有說過，除非是同學的爸媽拿給妳，不然不能收同學的禮物吧？」

妹妹原來是很開心地分享，卻被我投以不友善的神色，加上制止的語氣，她有點委屈，嘴裡嘟囔著：「又沒關係。早知道就不要跟媽媽講了。」

身旁的老三也出來打圓場，「沒關係，沒關係！放輕鬆，放輕鬆！」

我笑了出來，這又是從哪裡學來的？

這一笑，中斷了我心裡糾結的小宇宙，也讓那個「是非」二分的僵持鬆快了不少。

送孩子們上學的路上，沒再繼續討論。我只對妹妹說：「好吧，我知道集點是你們的遊戲，遊戲沒什麼不對，你們喜歡玩，就玩吧！媽媽只是覺得哪裡怪怪的，可是腦袋打結了，想不清楚。如果我想清楚了，會告訴妳。」

＊我卡在自己的擔心裡了

我是怎麼了？腦袋裡鬼打牆地轉著，總覺得這樣好像不太對，但又不想太過干預。

上班時，我告訴其他心理師，她們問我：「妳在擔心什麼？」

我笑了，「大概是……當媽媽的太容易繞在自己的幻想中了。我知道我的女兒不是那種需要用禮物換取友誼的人，我理解她的良善、正直，也知道那只是個遊戲。但總會擔心如果對這件事不踩一下立場，也會成為一種價值觀的輸入。」

一位心理師笑著說：「有那麼嚴重嗎？這比較像孩子們的角色扮演遊戲吧！像是爸爸、媽媽對小孩，或是老師對學生的集點活動。跟醫生遊戲或其他的角色扮演也沒什麼不同。」

我愣了一下……呃，也是喔！

想想，早上，我好像還沒細問他們那些禮物是從哪裡來的，還有送禮物的角色是不是輪流扮演。這些問題都不清楚，我就先入為主地覺得這是一種利益交換。

腦袋頓時像燈泡被點亮一般，整個清楚許多。

「安下心來吧！我是否如自己以為的那麼理解孩子？或者，其實我理解的只是自己『想像中』的孩子？」我對自己說。

＊「停、看、聽」，認清事情的本質

看來，想要認清問題的本質和實際面，終究無法速成。我想，如果要整理出一個提醒自己的過程，還是避不開這三個步驟吧：

第一步：「停」

停下來，安住自己轉到頭暈的小宇宙，停下把自己的想像套在孩子身上的習性。也許緩一緩，晾一晾，或者面對面地聊一聊，爭取一點空間，有助於我和自己的小宇宙分離。

第二步：「聽」

聽懂孩子的故事，聽完他想說的話，聽出他是如何看待這件事的。

第三步：「看」

看清楚問題的本質，看進孩子的內在（無論是情緒或需求）。這樣，也許更能在一次次的事件中發揮其價值。

唉！腦中閃過許多與孩子討論事情的畫面。必須誠實地說，在跟孩子的許多互動中，也許

我自己太想說，反而聽不清楚了。

如果聽不清楚，哪裡來的「認清」呢？

＊停一下，才能真正地「看見」

下午去接孩子們，心已經開朗平靜了，我笑著迎接蹦蹦跳跳的他們，牽著他們的手散步。

「今天還有玩集點遊戲嗎？」我問。

「有啊！我跟她玩兩次，拿到兩點。」妹妹回答。

「哇，那妳快集滿了！有多少人在玩？」

「四個人，哥哥也加入了。」

我又問她：「遊戲規則是什麼？我也想參加，可以嗎？」

她說：「不行啦！大人不行，妳又沒辦法跟我們玩。」

「我不能參加喔？太可惜了！那誰負責給點數跟獎品？」

「就楊××啊！講好了是她。」

我不放棄，「一直是她嗎？哥哥不可以嗎？」

結果她竟說：「哥哥剛加入，至少要先集滿才能輪到他啦！而且媽媽，獎品也是假裝的，只是遊戲啦！」

突然有點不好意思，原來我早上的擔心被孩子識破了。

我笑說：「好好好，我知道，媽媽想清楚了。這是你們的遊戲，我才問可不可以加入嘛！妳還是要繼續告訴我喔，我每天下班回家都很喜歡聽你們說學校發生的事。」

有時候，我們會不知不覺地摔回去原來的習性中，只是因為不安，而讓我們不安的，通常是來自內在慣性運轉的「想像」，未必是真實。

但願自己始終不忘這個過程，在心裡稍有不安的時候，稍微停一下。

因為，唯有親子間可以不再隔著想像的鏡頭，彼此才更能在「真實」的關係裡，發揮意義與價值。

盯你學習，卻盯掉了你的快樂

手機螢幕顯示著老大、老二他們導師的未接來電。

自從兩人上小學以來，雖然我已在心裡演練過各種接到老師電話的內心戲——包括孩子傷人、受傷，或是撞斷旗竿之類奇怪事件的SOP，但，眼前的未接來電顯示老師的名字，孩子卻活跳跳地在我身邊，平安無事，問他們又問不出所以然……這時，我還是又回到軟弱的自己，那是種膽小怕事的孬，或許，再加上「客訴恐懼」的症頭吧！

這會兒準備回電話了，還是需要深呼吸，才能安定自己的心慌。

「老師，不好意思，剛剛沒接到電話，怎麼了嗎？」我說。

老師說：「是關於哥哥的狀況，想跟妳討論一下。最近他上課時有點心不在焉，有時候還會趴下去。他之前就算注意力跑掉，也都笑笑的，但是最近都悶悶的樣子。不知道是不是家裡有什麼事？」

我鬆口氣，心想：這樣啊，還好還好。

在腦中搜尋了一下最近的記憶，我說：「呃，想不太起來耶。『最近』是指多久？」

老師繼續說：「大概就是這一、兩個禮拜。還是……他在家裡睡得如何？會和弟弟、妹妹玩嗎？我只是覺得，他不像以前那麼快樂的樣子。」

我邊講電話，邊看著正在和老二追逐大叫的老大，一會兒還跑過來問我：「誰打來的？誰打來的？」

我苦笑著說：「老師，現在在旁邊鬼吼鬼叫的就是他。我可能太遲鈍了，看不出來他有任何異狀。不過他一向是好睡的小孩，如果他連上課都趴下去了，的確很奇怪。」

這一刻，其實我心裡好感動。

感謝老天，讓我們遇到一位認真看待孩子的老師，願意費心觀察老大，發現他學習動機下降，放空時間增加了。

我們兩人一起回想著近兩、三週來和老大的相處經驗，鑽研了一會兒，結論是：上、下課時比較少看到他的笑容，而且在學校遇到要寫功課或是小考時，他就會發呆、停滯。

但是，為什麼呢？

＊拚命上緊螺絲，也許適得其反？

老大知道我在跟老師講電話，倒是輕鬆自然，一點都沒想要聽我講什麼，繼續玩得笑呵呵。反而是妹妹拿著她寫的字，跑來直叫我看，我一陣心煩把她趕出房間。

——就是這陣心煩！

我突然像被電到一般，想起這兩週常陷入這樣陣陣的心煩，為的就是老大寫字歪七扭八，寫功課時一定要盯著他、碎唸他。如果我不在家，就換他爸爸氣惱，要他重寫或是在作業上打個大叉叉。

「哎呀！我大概知道為什麼了……」

拿著電話，我跟老師說近兩週來，我和爸爸常盯他、罵他的事。

本以為散漫的老大需要我們幫他把螺絲轉緊，看來是轉過頭了。我們會不會把這棵木頭給傷了？

老師說：「啊，對！我也是這樣。也許是我的要求太高了，但就是希望他把字寫好，所以不輕易放過他，常常要他一再重寫……這樣我大概知道了，可能是我們都太用力，他疲乏了。他是需要肯定的小孩，只要稱讚他，就會做得更好。唉！也許是我太龜毛了。」

我趕緊回應：「別這麼說。我很感激老師這麼細心，否則我不會發現孩子的表現和之前不同。他們運氣很好，有妳這樣注視著，還願意來跟我討論……」

＊一起看見你努力的成果

看來，這孩子學習動機下降的原因只有三個字：「盯」、「盯」、「盯」。

不只老師盯、爸爸盯，就連一向比較包容的媽媽也在盯。不知不覺地，盯出了孩子滿頭包，也盯掉了孩子對學習的嚮往。

我和老師約定好，孩子的「動機」最重要。我們決定把標準降低一些，本來是挑錯、挑

醜，現在改成圈出漂亮的字，讓孩子看見自己努力的成果。

對這個一向快樂學習的孩子來說，「鼓勵」仍是王道。

＊學習動機，就是你眼中這道光！

晚上，我問老大：「老師打電話來，你知道她說什麼嗎？」

他靦腆傻笑，一邊搖頭，一邊想摀住我的嘴巴叫我別說。

我拿開他的手，「好啦，讓我說一下嘛！老師說啊，她愈來愈看見你的努力了。她知道你被她罰重寫有點辛苦，但你愈寫愈端正了，就趕快告訴媽媽，還叫我少罵你一點喔！」

聽到這些話，老大的眼神中閃現熟悉的亮光，點頭笑了。

媽媽在心裡大喊：「對！就是這個光，就是這個光啊！」

媽媽心裡永遠的痛——寫功課

陪孩子寫功課，應該是許多家長心裡的痛吧！

從孩子們開始上幼兒園，有「功課」這回事開始，我就不是個會陪在他們身邊寫作業的媽媽，通常只求他們能如期完成。在不期望品質的情況下，一直以來倒也相安無事。但是，就在準備上小學的老大和老二開始上正音班之後，情況有了改變。

正音班的功課反映了兩人學習特性的差異：老二會迅速完成注音功課；老大卻連續數天，五排的注音要寫兩個小時！

我這才真正體會到，管孩子的功課會讓人白掉多少頭髮，死去多少腦細胞。唯一有助益的大概只有心臟愈來愈強，或血管愈來愈粗。還有，因為不斷提醒自己要深呼吸，所以肺活量大概也提升不少。

*一寫字就成了「扭扭蟲」

幾天來，原本的催促或鼓勵都不見效，老大像是屁股或背上有蟲，扭來扭去地不安分。才剛坐下拿起筆，寫了一兩道筆畫——真的，一個注音符號都沒完成，他筆就放下了。一下跑去看弟弟們在做什麼，一下跑來找媽媽抱，再不然就直接跑去翻別的書或玩玩具……

我叫他回去坐，他不甘不願地回到座位拿起筆，不知道剛剛寫到哪裡。終於找到了沒完成的筆畫，再添個一兩筆，又跑來說要上廁所。上完廁所，不是回位子，而是再去搶妹妹看的書，被我叫住，又要找媽媽抱，再繼續剛剛一連串的循環……

剛開始的前半小時，我都還能試著鼓勵、教導，之後因著後面長長的吃飯、洗澡等待辦事項，逐漸失去耐心，變成了催促。一催促，反而又引發老大的情緒沾黏上來，哭著只要媽媽抱（孩子在情緒中了，別想跟「青歡」就事論事，別想跟「青歡」就事論事，別想跟「青歡」就事論事……這句話該罰我自己講十遍，看能不能牢牢記住）。

就這樣，邊怒斥，邊呼叫，還要約束弟弟、妹妹不去增加干擾，兩個小時就過去了。

幾天下來，遇到要接他們放學時，我也跟著胸悶、頭痛，諸多身心症狀都跑了出來。偏偏現在還只是開胃小菜，小學的大菜都還沒上桌呢！我納悶，怎麼又踢到了一塊厚實的鐵板？

好吧！這才死心地接受，是我自己沒跟上孩子成長的步伐。原先的方式已不管用了，我又何苦緊緊地抱住？

＊寫功課的人不苦，痛苦的是媽媽

好吧，鐵板不轉，我轉。

轉換成做實驗、找答案的心情，耐著性子觀察了老大兩個小時，才有了大概的想法和輪廓。我發現，他似乎很不習慣「注音」這東西。

從他眼裡望去，每個注音符號都像一筆筆拆開的筆畫。例如「ㄊ」，他橫著畫了一筆之後，就忘了接下來怎麼寫，要回頭找最上面的對照圖，看下一筆怎麼畫。若是三個注音符號拼成的字，那可就七零八落地拆得更徹底了，在每畫一筆就要回頭看看第一個符號的情況下，眼睛轉到別的地方的機會，就比別人多出N倍。

孩子那本來就想逃的心啊！這麼多縫隙，不鑽、不逃，怎麼對得起自己？繞了一圈，天知道心會跑去哪裡？

這就是老大，總愛一些新奇、好玩的事物，而這個優點的另一面，就是容易散漫浮動，有著「哪邊涼快往哪邊去」的趨樂避苦性格。

如果沒有媽媽在一旁罵著、唸著，也許對他來說，功課寫兩個小時一點都不痛苦，甚至可以寫到天荒地老。

但這種情況，身為媽媽，怎麼可能不控制、不催促、不碎唸。天下父母心啊！

好吧！其實他不苦，痛苦的是媽媽。不過換個角度看，根據「媽媽痛苦，全家都會痛苦」的假說，媽媽的苦要不要盡速處理？

要，當然要。只是……怎麼處理？

＊唸口訣幫助加深印象

有一天吃完晚餐後，我把老大帶進房間，問他：「注音是不是有點難？」

他嘟起嘴巴不回應我，又開始吵著要我抱。「媽媽，妳抱就好，不要講話啦！」

我說：「不行，媽媽一定要講話，你也要講話。不然我們怎麼解決功課這件事？」

「媽媽，那妳抱一下，長針走到三再開始講話。」

算一下，只要四分鐘，成交。

抱夠了，老大跟我面對面，還規定我要盤腿坐好（學校老師教得好，這樣要離開座位是比較困難一點），眼睛要對著眼睛。

老大一臉從容就義的樣子，瞇著眼看我，說：「好了，媽媽可以說了。」

我問他：「注音是不是不太會寫？」

又嘟嘴，點點頭，「寫一個，然後我會忘記怎麼寫。」

很清楚嘛！孺子可教也。

「好，沒關係，剛開始都是這樣的。如果不要管寫得對不對，只要專心寫完就好，你可以做到嗎？」

他一樣嘟著嘴，點頭。

看樣子我的話還沒進去他的腦袋，這樣不行。這年紀的孩子需要一點口訣。我說：「跟媽媽講一遍，坐—在—椅—子—上，專—心—寫—功—課，寫—完—功—課，才—能—離—開。」

前後帶著唸了三遍後，我又說：「從明天開始，不用管寫對還是錯，寫錯或寫醜也都沒關係，媽媽不會罵你，也不會擦掉。可是一定要寫完才能站起來，你做得到嗎？」

老大這次比較肯定的樣子，說：「做得到，但是……如果要尿尿呢？」

媽媽差點跌倒。「好，尿尿可以去廁所啦！」

＊第一戰，成功！

也算是雷厲風行吧！隔天接了孩子們放學回家時，才走到樓梯口，我就先預告兼提醒老大「寫功課」的事。

到家後，他也認分地拿著功課坐到位子上，我要他唸一遍口訣，唸完才開始寫。我還不時探探他的情況，只要他站起來，就要他坐回去，再背一遍口訣。這樣過了兩次以後（包括去上一次廁所），他也開始自我提醒：「喔，不行，寫完才能站起來……」最後，花了一個小時總算寫完了（當然還是二二六六地，一堆錯字或落字），檢查後補上音節，把功課放進了書包裡。

接著，他開始繞著家裡的榻榻米一圈圈地走。老二問他要不要玩機器人組合，他仍不停地邊繼續走著，邊說：「不要，現在我只想要走來走去……」

「呵呵！」我笑出聲來，這個可愛的小孩，坐了整整一個小時，真是難為他了。

＊帶著好奇去「闖關」

在老大的聯絡簿上，我告訴老師關於他寫功課的進步後，老師也在學校加碼讚賞他的努力。隔天回家時，老大說：「看今天寫多久，都要寫聯絡簿告訴老師。」我求之不得，回應：「當然好啊！」

這次，他一樣在座位上背了一遍口訣，雖然寫一寫還是會抬頭張望一下，但只要不離開位子，五行注音不到半小時就能完成，還加上自我檢查，且能做到正確而無錯誤和疏漏。媽媽除了寫聯絡簿，都想要開心撒花了！

之後三天，老大都維持穩定的表現，天天都在半小時內完成。我想，這孩子應該度過「寫功課不逃跑」這關了。

關關難過關關過，在鐵板前面，我學會不再只是踢它而弄痛自己和孩子，也嘗試帶著好奇的眼光去觀察與面對。

也許順利，也許不順利，甚至可能會有更難處理的情境，我只希望自己記得今日的心情，帶著好奇、接納與不放棄的心態去面對。

小孩劇場

拖延本能

老大：「我不想寫評量。」「唉！可以只寫這一大題就好嗎？」「哎喲！我想換寫數學。」「人，為什麼要寫評量？」「我可以先玩扯鈴嗎？」……

媽媽：「你該該叫應該口渴了，喝口水，寫。」

二十分鐘後——

老大：「媽媽，我發現不嘰哩呱啦叫叫叫，就劈里啪啦一下子把評量寫完了！」

這個二十分鐘後的頓悟，你十分鐘後就會忘記了吧……

搶救專心這些年

「你可以專心點嗎？坐不到半小時，起來撿筆兩次、上廁所一次、找橡皮擦一次、說要幫弟弟找考卷一次，還莫名其妙跑去開冰箱一次！」我對正在寫功課的老大說。

妹妹在一旁補充：「還有喝水兩次。」

老大說：「我知道啦！就是忍不住嘛。」

我說：「好，媽媽陪著你，在半小時內或寫完以前，不可以再離開。」

我的眼神框住了老大，他想站起來，看了我一眼又坐回去。我要他眼睛看下一題，他倒也還能低頭繼續寫。

我心裡有些無奈，但更多的是安心。還好，他還是可以繼續寫的，而且盯著作業的表情認真又專注，並不是真的非離開不可。

孩子寫功課，到底陪還是不陪？也許該換個問法：怎麼陪，才有陪的意義？

對老大這樣的孩子來說，與其說是在陪他完成功課，不如說是努力帶著他，一次次地練習專注安坐。為了搶救他的專心度，我和老師試了一些方法。這些方法其實很普通，大概可以分為以下三類，包括「傳統版」、「現代版」和「任意妄為的創意版」。

一、傳統版方法

傳統手法可省「近慮」，但處理「遠憂」仍然堪慮。我們試過的方式包括以下幾種：

1. 提醒和預告：傳說中的「盯緊一點」。副作用是有時會變成碎唸。

2. 處罰或承擔後果：有些孩子對人生有特定想要，反而容易專心，也不太用到處罰。不過，有些孩子則是像我家老大，什麼都不太在意，這招用在他身上的副作用就是他經常「沒要沒緊」，氣死媽媽自己。

3. 背口訣：透過口訣制約孩子的行為。長期下來的副作用是只有背的時候記得，不背就故態復萌，得回到「1. 提醒和預告」，最後變得好像是在盯他背口訣。

以上是習慣養成的過程，通常也是父母本能擅長的做法，不需要太多思考就能運作自如。

只是，操作時需穩定、適切，否則像我這樣因為工作或忙著管其他小孩而鬆手，想再重新拾起就得更用力，副作用也會出現，然後持續循環到天荒地老……

二、現代版方法

1.跑操場或跳繩等：總之，只要消耗孩子部分的體力，讓他可以安分坐下就好。渾身是蟲的時候，就起來跳繩，至少還能長高。

2.掃地或讀書比賽、疊疊樂、傳接球等：有些是家事，有些是遊戲，把專心訓練帶進遊戲中，讓他去注意自己的眼睛是否能看見想看的目標，並使喚雙手去完成。

3.查字典遊戲或造句遊戲等，反過來把遊戲帶進學習中：這是適合老大的做法，例如他喜歡棒球，只要把數學題目裡的「蘋果」改成「棒球」，他就茅塞頓開。更多時候也是單純同理他想跑走的心情，用遊戲把他帶回來。

這個版本是我在臨床上接觸一些個案後，整理出來的。我回過頭去理解注意力不足的老大，問自己：可否不要盡用「不足」的眼光看待？有時，他只是在學習方面的注意力不足，若要他運動或追昆蟲，注意力就可以維持很久，只不過是注意力集中的地方不同罷了。

也就是說，孩子的注意力本來就比較寬廣，會去選擇更有趣的事物。

如果這就是他原本的素質，如何維持並確保其注意力在學習和其他有趣的事物上達到平衡，而非互相阻礙，才是孩子要不斷練習的課題。

換句話說，學習只是一部分，要練的是「生活平衡」的能力。

三、任意妄為的創意版方法

1.錄影：某天，我偷拍老大在寫功課的樣子，然後以八倍速快轉給他看。他看見自己一直東摸西摸，站起來，坐下，站起來，又坐下，才寫了兩頁；立志接下來不亂動、亂跑，只看眼前的作業後，又寫了兩頁。最後，前者錯了五題，後者拿到滿分。那一刻，他覺得只要專心，好像真的可以展現能力。這種增強，無價！

2.催眠：有時抱著他時，我會細數他的好，不時告訴他，他的專心進步到哪裡了。催眠他，其實也是在催眠我自己——不要忘記他的好，也不要忘記那是他一輩子的功課；我可以盡力影響，但真正改變仍要靠他自己。

3.拿零用錢去買橡皮擦：這大概是最無厘頭的方法了。看了太多次老師在聯絡簿上客訴，老大寫功課時老是在找橡皮擦，我直接要他拿出自己的零用錢，去買五個橡皮擦放到書包裡。這也許沒什麼能讓他負責任的效果，但我只知道在橡皮擦這件事情上，我們膠著太久了（結果，他慢慢地找到了之前遺失的四個，於是書包裡有八個橡皮擦，堪稱是橡皮擦的極盛時期）。

4.媽媽當家教：有一天，老大問我可否陪他寫作業。我雖對他亂糟糟的筆順不耐，但我問自己：如果他是別人的小孩，我只是他的家教老師，會怎麼教他？怎麼帶他？轉念後，語氣馬上溫和許多，充滿鼓勵和讚賞。而這一天，他也表現得特別好。

這個版本有點無厘頭，想到哪裡，做到哪裡。有些只有曇花一現的短效，有些則有畫龍點睛的長效，我沒辦法歸類。至於怎麼想出來的，大概就是保持一點「開心」、「正向」的心情看待孩子，就會蹦出一些實驗的想法。

受益最大的是親子關係，因為這麼做，至少媽媽的心情會好。

＊照顧孩子的心意不會改變

在專業工作中，我無法在沒看過孩子的情況下，就幫忙評估他是否需要就醫。而回到為人母的角色，老大有腦部不正常放電的問題，我們一方面持續觀察，一方面也擔心他的不專心是否和生理因素有關。我問每天看著老大的自己：到底是他真的有生理上的困難？還是我沒有時間好好觀察，沒有信心去辨識、去處理他的問題？

再仔細想想：如果這是我費時、費力陪他處理就能有進展的課題，何苦抓著生理因素不放？又或者，即便二者有些關聯，難道我就會改變對他的照顧與待遇嗎？

畢竟身體的部分，我們大致上還是能看得清楚，例如：他是否鼻子過敏、睡不好，他是否

有其他生理動作張力過大，還是行為強迫性的問題。

＊只想被媽媽獨一無二地愛著

每個孩子的專心課題不同，像是老大曾說：「媽媽，妳陪我，我就比較專心了。」

我愣了一下，好像真是如此。

孩子會在主要照顧者的眼中尋找自己的價值，看見自己的能力。也許對於老大來說，是潛意識裡，想在媽媽的眼光中感受被專注對待的經驗，然後一次次地練習，鞏固自己注意力的邊界。

我對老大說：「這樣有幫助喔？早說嘛！所以你是可以專心的。好，我會看著你，你慢慢練習把我看你的眼光，放在你的心裡。」

老二聽到，來搶目光了，「媽媽，我也要！妳也要看我寫。」

老三則是來搶作業……「媽媽，妳要給我買練習本，我也要寫。」

唉！關於獨一無二啊，媽媽盡力就是了。

至於妹妹，她不在意這些，反倒在旁邊答腔：「還有喔，練習的時候不要一直去喝水，喝水就會把你記得的統統沖掉喔！」

● 媽媽，歇一歇

「為母則強」，不是不脆弱，只是母親角色讓我們變得勇於面對與處理脆弱吧！媽媽的暴走或迷路，都只是展現媽媽的本質也是有血有肉的正常人而已。

美國兒童治療師L. J. Cohen在《遊戲力》（遠流出版）一書中，曾以倒滿杯子的比喻說明「依附理論」，孩子會需要照顧者用愛、食物和舒適等填滿孩子的杯子，照顧者自然也是如此。

我觀察自己的愛（耐性）像是定量有限的一杯水，給完了就乾枯耗竭，孩子再鬧、再要，就會讓我惱到摔破杯子，等回頭撿一地玻璃碎片時，止不住地懊悔。

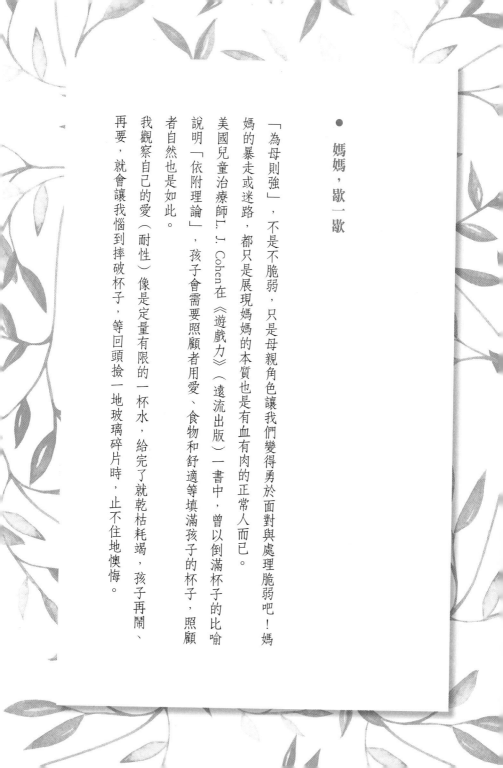

好運的話，身邊有伴侶幫妳加水。其實這可遇也可求，只是要懂得真實示弱地表達，否則我們慣性的迂迴會讓這個資源變得遙遠，甚至內耗自己變得更加暴走。不然，要練習給自己加水，也許聽聽演講、看看書、找個人聊聊，簡單點就整理照片，往往美好的回憶就是灌注能量的來源。

水快用完了還來不及灌注，那就限水。限水的方式很多，但往往卡住媽媽們的點在於「覺得自己有權這麼做」。

真的不知不覺摔了杯子，眼睜睜看著自己失控時，如何停住，不拿或少拿碎片繼續丟擲，那是硬底子功夫了。因為每個碎片代表的是自己內在過去的一則故事，碎片躺在地上已是悲傷，需要照顧、撿拾、擦拭、重新拼起，而非漠視、丟擲或抓得太緊再被割傷一次。

我會努力停下來，然後搬動自己離開（這有時真的很費力），心裡夠嘈雜了，外在世界就讓它盡量安靜吧！當然，要停住循環得靠強大的意志力，這個步驟，對我始終最難。

接著注意自己的呼吸，因為那是最好提取的素材。注意呼吸不會讓雜念聲音消失，只是會讓這些聲音變得清楚有次序，而不是嗡嗡嗡亂成一團。聲音清楚了，就算撿起了一片片碎玻璃，至少看得見輪廓，再慢慢拼湊。

接著，冷靜一點了，才會問「自己」（不是問媽媽這個角色）：「不這樣想，還能如何想？不這麼做，還可以怎麼做？」差不多到這裡已經拼回玻璃杯了，再去和孩子修復，以「大抱抱」的儀式讓彼此再往杯子裡加水，每次我都發現，孩子的情緒雖強，但好得總是比我還快。

杯子黏不好，就是我們需要找人談的時候，也許那正好是個機會，透過撿拾、擦拭每一片碎片，來訴說自己的故事，照顧與圓滿自己的人生。那麼，即使再不情願，還是能謝謝這個惱人的經驗，謝謝老天送我這個磨娘的孩子，讓我變得更勇敢、更完整。

至於拼湊玻璃的黏著劑是什麼？

是對自己的慈心，是愛啊！

國家圖書館預行編目資料

還是喜歡當媽媽——心理師媽媽的內心戲／洪美鈴著 --初版.--臺北市：寶瓶文化, 2017.8
面； 公分.--(Catcher；90)
ISBN ISBN 978-986-406-097-9

1.親職教育 2.親子關係

528.2 106013722

Catcher 090

還是喜歡當媽媽——心理師媽媽的內心戲

作者／洪美鈴
企劃編輯／丁慧瑋

發行人／張寶琴
社長兼總編輯／朱亞君
副總編輯／張純玲
編輯／林婕伃・周美珊
美術主編／林慧雯
校對／林婕伃・陳佩伶・劉素芬・洪美鈴
業務經理／李婉婷 企劃專員／林歆婕
財務主任／歐素琪 業務專員／林裕翔
出版者／寶瓶文化事業股份有限公司
地址／台北市110信義區基隆路一段180號8樓
電話／(02)27494988 傳真／(02)27495072
郵政劃撥／19446403 寶瓶文化事業股份有限公司
印刷廠／世和印製企業有限公司
總經銷／大和書報圖書股份有限公司 電話／(02)89902588
地址／新北市五股工業區五工五路2號 傳真／(02)22997900
E-mail／aquarius@udngroup.com

法律顧問／理律法律事務所陳長文律師、蔣大中律師
如有破損或裝訂錯誤，請寄回本公司更換
著作完成日期／二〇一七年七月
初版二刷日期／二〇一七年八月二十九日

ISBN／978-986-406-097-9
定價／三三〇元

AQUARIUS 寶瓶文化事業

愛書人卡

感謝您熱心的為我們填寫，
對您的意見，我們會認真的加以參考，
希望寶瓶文化推出的每一本書，都能得到您的肯定與永遠的支持。

系列：Catcher 90　**書名：還是喜歡當媽媽——心理師媽媽的內心戲**

1. 姓名：________　性別：□男　□女
2. 生日：____年____月____日
3. 教育程度：□大學以上　□大學　□專科　□高中、高職　□高中職以下
4. 職業：________
5. 聯絡地址：________________

　聯絡電話：________　手機：________

6. E-mail信箱：________________

　□同意　□不同意　免費獲得寶瓶文化叢書訊息

7. 購買日期：____年____月____日
8. 您得知本書的管道：□報紙／雜誌　□電視／電台　□親友介紹　□逛書店　□網路　□傳單／海報　□廣告　□其他
9. 您在哪裡買到本書：□書店，店名________　□劃撥　□現場活動　□贈書

　□網路購書，網站名稱：________　□其他________

10. 對本書的建議：（請填代號　1. 滿意　2. 尚可　3. 再改進，請提供意見）

　內容：________

　封面：________

　編排：________

　其他：________

　綜合意見：________________

11. 希望我們未來出版哪一類的書籍：________________

讓文字與書寫的聲音大鳴大放

寶瓶文化事業股份有限公司

（請沿此虛線剪下）

廣　告　回　函
北區郵政管理局登記
證北台字15345號
免貼郵票

寶瓶文化事業股份有限公司　收

110台北市信義區基隆路一段180號8樓
8F,180 KEELUNG RD.,SEC.1,
TAIPEI.(110)TAIWAN R.O.C.

（請沿虛線對折後寄回，或傳真至02-27495072。謝謝）